KB007636

청중을 이끄는 스피치

청중을 이끄는

스피치

초판 1쇄 인쇄 2024년 3월 9일
초판 1쇄 발행 2024년 3월 19일

지은이 전해별
발행인 임충배
홍보/마케팅 양경자
편집 김성현
영상 노진희, 박찬희
디자인 정은진
펴낸곳 마들렌북
제작 (주)피앤엠123

출판신고 2014년 4월 3일
등록번호 제406-2014-000035호

경기도 파주시 산남로 183-25
TEL 031-946-3196 / FAX 031-946-3171
홈페이지 www.pub365.co.kr

ISBN 979-11-92431-50-5 03190

· 가격은 뒤표지에 있습니다.
· 잘못 만들어진 책은 구입처에서 바꾸어 드립니다.
· 마들렌북은 도서출판 삼육오의 브랜드입니다.

청중을 이끄는
스피치

저자 전해별

Mædəlin Buk

프롤로그

스피치의 사전적 정의를 보면 "모여 있는 여러 사람 앞에서 자기의 주장이나 의견 등을 말하는 일"이다. 결국 스피치란, '청중'이 설정되어 있고, 특정한 '목적성'을 지니고 있으며, 내 의견과 생각이 상대방에게 '잘' 전달되는 말하기라는 것이다.

이렇게 정의해보니 스피치가 어렵게 느껴지지만, 사실 여러분은 일상생활에서 늘 스피치를 접하고 있다. 부모님이 자식에게 잔소리할 때도 직장 동료와 티타임을 가질 때에도, 연인과 사랑을 속삭일 때도... 여러분이 인식하지 못할 뿐, 우리는 대화를 나누는 상대방을 '청중'으로 설정하고 있으며, 나의 감정을 전달하고자 하는 '목적'과, 의미를 '효과적'으로 전달하고자 다양한 강조를 활용해 말하기를 하는 것이다.

그런데 많은 사람은 무대 위에 서거나, 비즈니스 스피치를 할 때면, 굳어서 말투가 딱딱해지곤 한다. 아무래도 일상에서 하는 말하기와, 무대 위의 스피치가 다를 것이라는 생각 때문에 더욱 경직되는 것이 아닐까? 그런데 정말 일상 속 스피치와 무대 위 스피치가 다른가?

아나운서로서 7년간 다양한 행사를 진행했지만, 사실 사회자는 발표자를 소개하는 경우가 대부분이다. 따라서, PT를 진행하는 임직원부터, 인사 말씀과 축사를 전하는 귀빈까지 정말 많은 발표자를 만나볼 수 있었다.

돌이켜 생각해 보면 이들 중 인상 깊은 발표자들의 특징은 "자연스러웠다"는 것이다. 이들은 무대 위에서도 긴장한다는 느낌이 느껴지지 않으며, 청중과 수다를 떨 듯 자연스럽게 대화를 이끌어나가곤 했다.

청중은 놀랍게도 발표자의 텐션에 말 그대로 '전염'된다. 발표자가 딱딱하고 경직되면, 청중도 경직되며, 발표자가 편안하고, 자연스러운 태도를 보이면, 청중도 편안함을 느끼고, 발표에 더욱 빠져들게 된다. 물론 무대 위 발표자가 정돈된 내용과 깔끔한 말투로 발표를 이어가야 하지만, 이는 결코 딱딱해지라는 말은 아니라는 것이다.

무대라는 장소는 청중에게 일방향으로 내용을 쏟아내는 구도처럼 보이게 하지만, 사실 양방향으로 다수와 함께 소통하는 장소이다. 청중은 표정으로 반응하고 박수로 화답하며, 발표자와의 대화에 참여하고 있다. 그저 규모가 커진 것일 뿐, 무대 위는 결국 청중과 '대화'하고, '소통'하는 장소인 것이다.

자연스러운 말하기는 곧 발표자가 '자신 있다'는 인상을 주며, 이는 결국 신뢰감으로 이어지게 된다. 물론 본 강의를 통해 익히게 될 스킬은 여러분의 스피치를 다채롭게 꾸며줄 것이다. 하지만 스스로 내용에 대한 확신이 없고, 무대 위가 그저 긴장되는 공간으로만 인식된다면, 스피치 스킬은 아무런 소용이 없을 것이다. 그러므로 강의에 시작하기에 앞서, 스피치의 기본은 '자연스러움'이라는 것을 명심하자.

물론 단시간에 스피치 고민이 모두 해결될 순 없다. 이를 위해 기본적인 스피치에 대한 강의 5차시와, 스탠딩 스피치인 발표 스피치에 대한 강의 3차시, 설득 스피치에 대한 강의 2차시를 함께할 것이다. 강의마다 여러분이 쉽게 익힐 수 있는 스피치 스킬과 함께 일상 5분 단련법이 준비되어 있다. 평소 스피치에 대해 고민이 있었다면, 일상 속 연습을 통해 꾸준히 스킬을 익혀보자.

유명한 화가 빈센트 반 고흐는, "위대한 성과는 소소한 일들이 모여 조금씩 이루어진 것이다."라고 말했다. 필자가 만났던 인상 깊은 발표자들도 첫 스피치부터 완벽하진 않았을 것이다. 적지 않은 시행착오를 겪으면서도, 이를 통해 한 걸음씩 한 걸음씩 나아오며 성장했을 것이다. 여러분도 할 수 있다.

✦ 언젠가 여러분을 사회자로서 소개할 날을 기대하며

목차

PART 1 스피치 능력 향상

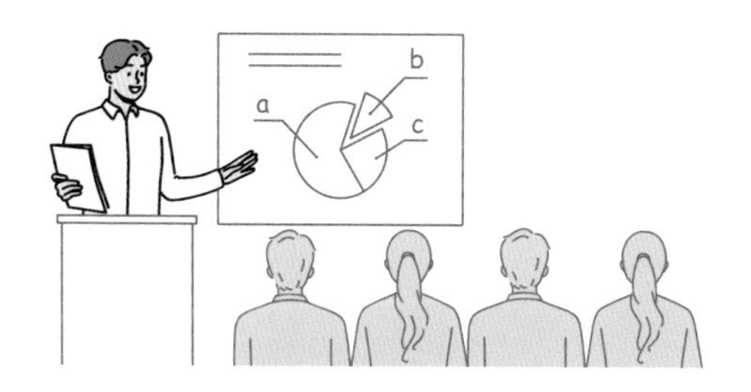

PART 2 발표 능력 향상

PART 3 협상 능력 향상

PART 1

스피치 능력 향상

1강

스피치 능력 향상

01 신뢰감 있는 목소리의 첫걸음

02 전달력의 기본 중 기본, 정확한 발음

03 전달력의 심화는 '읽지 않고, 말을 하는 것'

04 스피치에도 밀당이 필요하다

05 논리적인 스피치를 위한 필승 비법

01

신뢰감 있는 목소리의 첫걸음

첫인상의 30%가 목소리에 의해 좌우된다는 연구 결과도 있을 만큼, 목소리 하나로 관객의 관심과 흥미를 이끌 수도, 잃을 수도 있다. 아무리 좋은 내용의 스피치라도 목소리가 비호감이거나 성량이 작다면, 관객의 호응과 흥미를 잃을 수도 있기에 목소리는 스피치에 있어 기본 요소이자, 중요한 요소이다. 물론, 아나운서만큼의 목소리와 발성이 하루아침에이뤄질 순 없지만, 자신만의 목소리 톤을 찾고, 일상 속 5분만 투자해 꾸준히 훈련한다면, 본인만의 매력 있는 목소리로 가꿀 수 있다.

\ 1 / 나에게 맞는 목소리 톤 찾아보기.

평소 여러분이 편하게 말할 때의 목소리는 실제 본인의 목소리 톤이 아닐 수 있다. 애교 있는 하이톤, 무게감 있는 저음 등을 억지로 만들어 습관화해 이미 굳어버린 습관적 목소리일 수 있는데, 이는 일상생활에는 문제가 없지만 결국 목에도 무리가 가고 청중의 입장에서도 듣기 편한 음색이 아닐 수 있다.

그러므로 결국 스피치의 기본은 '나'의 숨겨진 원석인 내게 맞는 목소리, 즉 '키톤'을 찾는 것이 우선이라 할 수 있다. 키톤에 대해 알아보기에 앞서, 자가 진단을 해보자.

키톤 진단

- 나는 대화하다 보면 목이 아프다.
- 나는 대화하다 보면 목소리가 갑자기 염소처럼 떨린다.
- 음 이탈이 자주 난다.
- 말하면 할수록 목이 잠기고 목소리가 작아진다.
- 쇳소리가 난다.

위의 질문에서 두 개 이상 해당된다면 나에게 맞는 '키톤'을 찾지 못한 것이다. 그렇다면 키톤이란 무엇일까? 키톤은, '개개인의 타고난 나만의 목소리 톤'이라 할 수 있다. 즉, 성대가 움직이지 않으면서 개개인이 가지고 있는 안정적인 목소리 톤을 말한다.

사람마다 성대의 두께, 길이, 모양 등이 다르기 때문에 키톤의 위치 또한 사람에 따라 아래쪽에 있을 수도 있고, 중간, 혹은 높은 쪽에 있을 수도 있다. 그러므로 우선 성대가 움직이지 않는 나만의 키톤을 찾아야 한다. 그렇다면, 지금부터 함께 키톤을 찾아보자.

키톤 찾기

1) 성대 찾기

- 남성의 경우, '목젖'이 성대
- 여성의 경우, 손가락 3~4개를 목에 가까이 대고, 침을 삼키면 찾을 수 있다. 이때, 위아래로 움직이는 것이 '후두'이고, 이 후두 안쪽에 위치하는 것이 '성대'다.

2) 성대에 손을 대고 높이 체크

한 손을 지그시 성대에 두고, 위치를 가늠해 보자.

3) 성대가 움직이지 않는 톤을 찾아보기

'도레미파솔라시도'를 천천히 읊으면서, 성대가 움직이지 않는 음, 즉 톤을 찾아본다. (허밍도 가능하나, 음을 찾기 위해서는 '도레미파솔라시도'가 더 적합하다.)

성대가 움직이지 않는 키톤을 찾았다면, 잘 기억하자.

\ 2 / 내게 맞는 공명감 찾기.

좋은 목소리도 물론 중요하지만, 공명감도 빼놓을 수 없는 요소이다. 목소리에 울림이 더해지면 신뢰감이 생기기 때문인데, 개인마다 키톤이 다르듯, 공명감을 주는 '공명점' 또한 개인마다 다르다. 지금부터는 공명점, 즉 울림통을 찾아 키톤을 아름답게 꾸며보자.

공명점 찾기

1) 입 안에 공간을 만든다.

계란이 입 안에 들어있다고 생각하며 입 속에 둥글게 공간을 만들어 준다.

2) "음~"하며, 허밍을 한다.

입 속 공간에 소리를 채운다는 생각으로, 허밍을 해보자.

3) 진동을 느낀다.

입 속 공간 가득 진동이 느껴질 것이다. 이때, 가장 강한 진동이 느껴지는 곳을 찾아보자. 그곳이 바로 공명점이다.

이제, 이렇게 찾은 공명감을 느끼면서 편안하게 뻗어내는 소리가 바로 내 몸에서 가장 울림이 잘 되는 편안한 톤, '키톤'이다. 지금부터 공명감을 더한 나만의 키톤을 들어볼 텐데 앞선 과정과 이어서 연습해 보도록 하자.

내 목소리에 공명감 더해보기

1) 입 안에 공간을 만든다.
계란이 입 안에 들어있다고 생각하며 입 속에 둥글게 공간을 만들어 준다.

2) "음~"하며, 허밍을 한다.
입 속 공간에 소리를 채운다는 생각으로, 허밍을 해보자.

3) 진동을 느낀다.
입 속 공간 가득 공간이 느껴질 것이다. 이때, 가장 강한 진동이 느껴지는 곳을 찾아보자. 그곳이 바로 공명점이다.

4) 입을 크게 벌리며 '마~'하고 소리를 낸다.
입술에 힘을 빼고, 최대한 편안하고, 크게 벌려보자.

5) 마지막엔 '안녕하세요'를 붙여 소리를 낸다.
'마~'를 충분히 소리 낸 다음, 마지막에 '안녕하세요'를 붙여 소리 내보자.

\ 3 / 올바른 발성법 익히기.

지금까지는 입을 다문 채로, 나의 키톤과 공명점을 찾은 다음, 입으로만 소리 내보았다. 이제부터는 '입을 벌려' 발성법을 익혀보도록 하자. 스피치에 있어 발성은 매우 중요하며, 발성은 복식호흡, 즉 '배 힘'에서 나온다. 발성을 통해 소리 낼 경우, 소리에 깊이가 더해질 뿐만 아니라, 목에 무리를 최소화하며 오랜 시간 스피치를 이어갈 수 있다. 그렇다면, 지금부터 '복식호흡'을 이용한 발성법을 익혀보자.

발성법 익히기

1) 코로 숨을 들이마시기

- 꽃향기를 맡는다는 생각으로, 코로 숨을 깊이 들이마신다.

2) 들이마신 공기가 아랫배까지 차오르는 것을 느끼기

- 의식적으로 공기를 배에 넣는다고 생각할 것
- 풍선처럼 배를 부풀릴 것

3) "아~"하고 뱃속 공기를 내뱉어 주기

- 벽에 점이 하나 찍혀 있다고 생각하고, 그 점을 향해 포물선을 그리며 공기를 모두 쏟는다는 생각으로 뱉을 것
- 풍선에 바늘이 구멍을 뚫어 바람이 나오듯, 공기를 쏟는다고 생각하고 뱉어줄 것
- 마지막에 소리가 바들바들 떨려도 배에 공기를 하나도 빠트리지 않고 쏟는다고 생각하며 쏟아낼 것

\ 4 / 일상생활에서 단련할 수 있는 하루 5분 훈련법.

지금까지는 발성법에 대한 감을 잡고, 키톤과 공명감을 느껴보았다. 앞서 언급한 대로, 여러분의 목소리는 이미 습관으로 일상생활에 녹아있기 때문에, 이를 바꾸는 데에는 꾸준한 연습과 훈련이 필요하다. 하루 5분의 꾸준한 연습을 통해, 나만의 아름다운 목소리를 가꿔보자.

하루 5분 훈련법

1) 복식호흡 시간 늘리기

매일 스톱워치를 통해, 복식호흡의 시간을 재고, 이 시간을 점차 늘리는 훈련을 하라. (매일매일 배에서 바람이 빠지는 시간을 점점 늘릴 것.)

2) 스타카토로 배에 힘주며 소리내기

배에 빠르게 공기를 채우고, "아 / 아 / 아 / 아 / 아 / 아" 하며 짧은 호흡에 바람을 빼며, 스타카토로 소리를 낸다. 소리 하나하나마다 배에 힘을 주며, 복식호흡을 의식적으로 느껴보자.

3) "아~" 연습을 충분히 한 다음, "안녕하세요. OOO입니다." 멘트 연습하기.

스피치에 있어 인사와 자기소개로 시작하는 경우가 많다. 그러므로 첫인상에서 30%나 차지하는 목소리와 첫문장은 매우 중요하므로, 꾸준한 발성 연습과 함께 인사법을 단련한다면, 스피치의 첫 단추를 자신감 있게 시작할 수 있을 것이다.

✦ 학습 정리 ✦

1 **목소리 톤 찾기 :** 나만의 목소리 톤을 찾기 위해 키톤을 발견하고 공명감을 느끼며 목소리를 발전시키는 연습을 했습니다.

2 **공명감 확보 :** 공명점을 찾아내고 키톤과 결합하여 목소리에 공명감을 추가했습니다.

3 **올바른 발성법 습득 :** 복식호흡과 스텝바이스텝 발성 연습을 통해 스피치 효과를 향상시키는데 필요한 올바른 발성법을 익혔습니다.

생각 정리하기

2강 

스피치 능력 향상

02

전달력의 기본 중 기본, 정확한 발음

스피치에 있어, 안정된 목소리도 물론 중요하지만, 정확한 '발음'도 빼놓을 수 없는 요소다. 발성은 청중으로 하여금 '잘 들리게 하는' 요소라면, 발음은 청중으로 하여금 '잘 알아듣게 하는' 요소이기 때문이다. 그러므로, 내 스피치에 설득력을 더하고, 많은 청중을 이해시키기 위해서는 정확한 발음을 단련하는 것이 중요하다. 지금부터 정확하게 발음하는 법을 배우고, 매일 단련할 수 있는 연습법도 익힘으로써 정확한 발음을 구사해보도록 하자.

강의에 앞서, 다음 문장을 큰 소리로 읽어보라.

큰 소리로 읽어보세요

저기 있는 저분은 박 법학박사이고,
여기 있는 이분은 백 법학박사이다

대부분은 아마 한 번쯤 발음이 꼬였을 것이다. 그리고, 아마 발음 실수의 원인은 제각각일 것이다. 그중에서도 많은 사람들이 발음 실수를 하게 되는 대표적인 원인 세 가지가 있는데, 이는 무의식 중에 빠르게 읽는 것, 받침 발음을 놓치는 것, 모음을 부정확하게 발음하는 것이다. 따라서, 지금부터는 이 대표적인 세 가지 원인에 중점을 두고, 문제점을 개선해 보도록 할 것이다.

이를 위해 오늘 강의에는 준비물이 필요하다. 거울을 준비하거나, 휴대폰 카메라를 켜고 다음 내용을 함께 이어가 보자. 휴대폰 카메라의 경우, 삼각대와 같은 지지할 수 있는 것이 있으면 좋고, 전면 카메라로 설정하면 된다.

\ 1 / 올바른 입 모양으로 모음을 정확하게 발음할 수 있다.

먼저 발음에 대한 사전적 정의를 살펴보고, 발음에 필요한 요소들을 살펴보자.

발음 (發音) : 혀 · 이 · 입술 등을 이용해 말을 이루는 소리를 내는 일, 또는 그 소리

여기서, 혀 · 이 · 입술 등은 말소리를 만드는 데 쓰이는 신체 기관, 조음기관이 된다. 결국, 위 정의를 다시 말하면, 정확한 발음을 위해서는 혀 · 이 · 입술 등의 조음기관을 올바르고, 정확하게 이용해야 한다는 뜻이 된다. 하지만 대부분 사람은 조음기관을 올바르게 이용하지 않아, 부정확한 발음으로 말하게 되는 것이다. 이 조음기관을 올바르게 이용하기만 해도, 발음은 한결 정확해질 것이다.

조음기관 중에서도 특히 입술은 '모음'에, 혀의 위치는 '자음'에 영향을 주게 되는데, 지금부터 하나씩 차근차근 소리내어 자신의 조음기관을 진단하고, 조음기관을 올바르게 사용하는 법을 배워보도록 하자.

먼저, 아래의 모음 한 글자 한 글자 크게 소리 내어 읽어보라. 거울을 준비한 경우에는 거울을 보며 입 모양을 확인하고, 카메라를 준비한 경우, 자신의 입 모양을 녹화해보라.

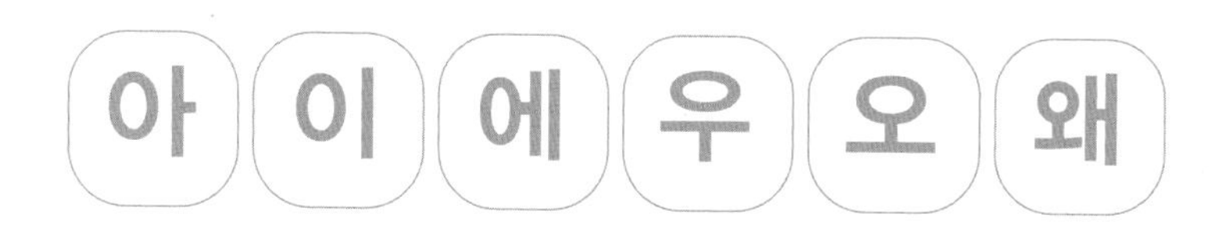

카메라로 녹화한 경우, 지금부터 카메라로 녹화된 동영상을 틀고, 아래의 그림과 비교하고, 거울을 준비한 경우, 거울 속에 비친 자신의 입 모양과 다음의 그림을 비교해보라.

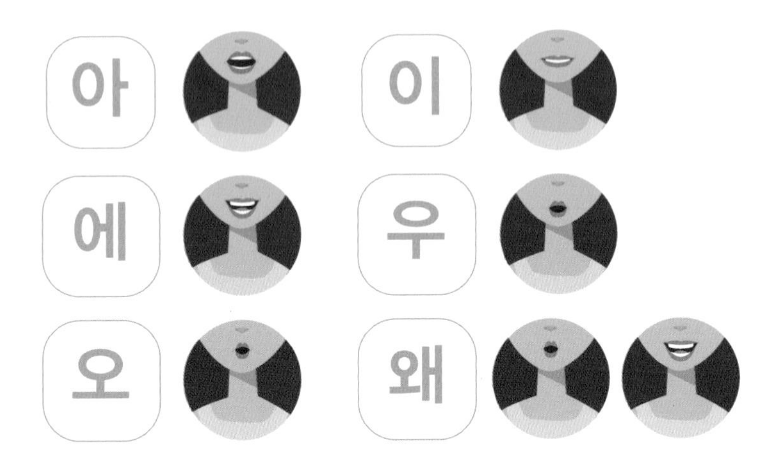

표에 제시된 입 모양을 보면, 위아래, 양옆, 즉 상하좌우 크게 쭉쭉 벌어지고, 가운데로도 잘 모이는 것을 볼 수 있다. 이처럼 모음이 소리 나기 위해서는 입 모양이 굉장히 중요하다. 하지만, 대부분 입 모양을 잘못 움직이거나, 혹은 작게만 움직여서 모음 발음이 부정확해지는 것이다.

지금부터 다시 한번, 한 글자 한 글자 입 모양에 유의하며, 크게 크게 움직여서 발음해 보도록 하자.

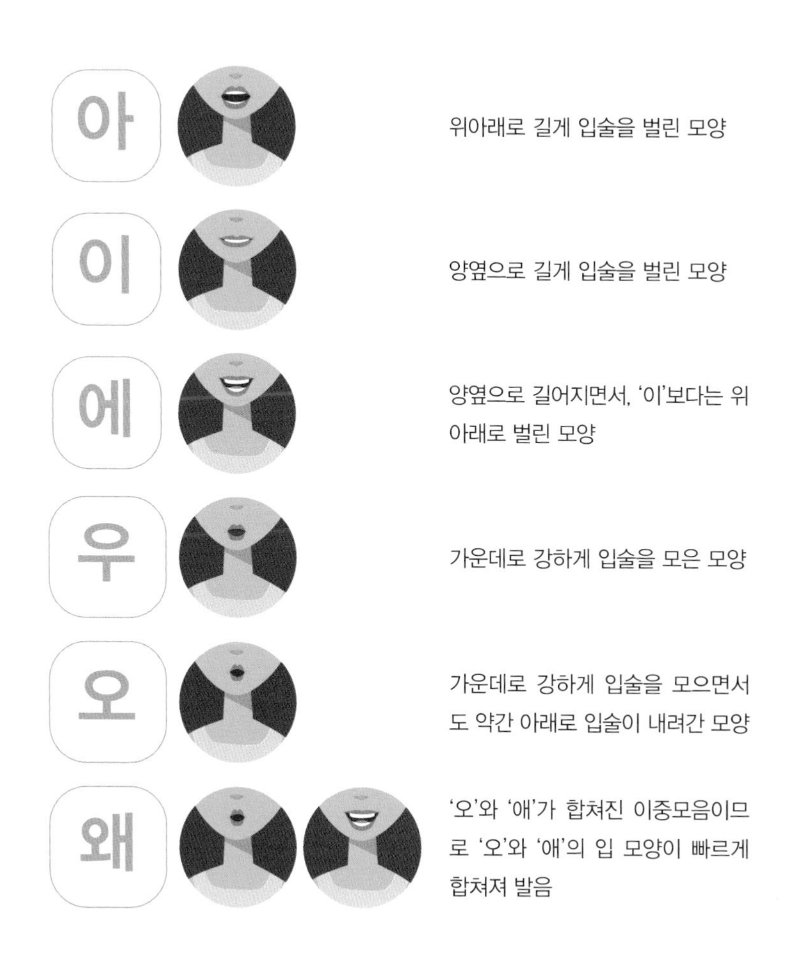

아마 여러분의 생각 이상으로, 입 모양이 위아래, 양옆, 그리고 가운데까지 크게 크게 움직이는 것을 느꼈을 것이다. 이제 매일매일, 이 모음들을 정확한 입 모양으로 연습하면 입술 근육이 단련되어 정확한 발음 구사가 가능하다. 그럼, 지금부터 입술 모양에 유의하며, 아래의 문장을 천천히 읽어보라.

큰 소리로 읽어보세요

도토리가 문을 도로록, 드르륵, 두루룩 열었는가?
드로록, 도루륵, 두르룩 열었는가?

\ 2 / 혀를 올바르게 위치해 자음을 정확하게 발음할 수 있다.

앞서, 입 모양은 '모음'을, 혀의 위치는 '자음'에 영향을 미친다고 언급하였다. 그럼 지금부터 혀의 위치를 확인하며, 정확한 '자음' 발음법을 살펴보도록 하자.

이를 위해서는 먼저 혀에 대한 이해가 필요하다. 지금부터는 혀를 간단하게 3등분하여, 앞부분을 혀끝, 중간을 혀의 면, 가장 안쪽을 혀의 뿌리라고 지칭해 보자.

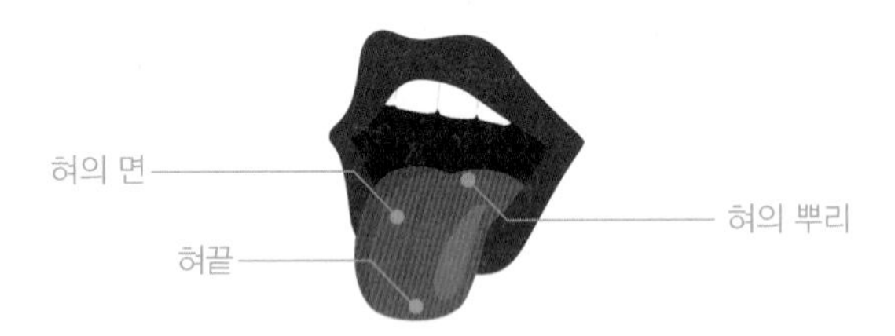

그럼 지금부터, 입을 가볍게 닫고, 혀의 위치를 가만히 살펴보라.

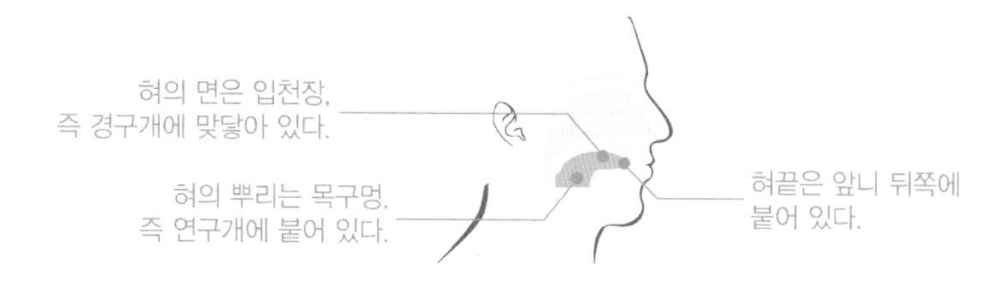

아마, 여러분의 혀끝은 앞니 뒤쪽에 붙어 있고, 혀의 면은 입천장, 즉 경구개에 맞닿아 있을 것이다. 그리고 혀의 뿌리는 목구멍, 즉 연구개에 붙어 있을 것이다. 이 세 가지 포인트가 모두 자음을 다르게 소리 나게 하는 '조음 포인트'가 된다. 이제 지금부터 혀의 위치에 유념하며, 다음을 하나씩 소리 내보라.

1 ㄴ / ㄷ / ㄸ / ㅌ / ㄹ

위의 다섯 가지 자음을 소리 낼 때에는, 혀끝이 앞니와 닿았다 떨어지는 것을 느꼈을 것이다.

2 ㅈ / ㅉ / ㅊ

그리고 위의 세 가지 자음은, 혀끝에는 비교적 힘이 빠지고, 혀의 면이 경구개에 닿았다 떨어지는 것을 느꼈을 것이다.

3 ㄱ / ㄲ / ㅋ / ㅇ

이 네 가지 자음은, 혀의 뿌리가 연구개에 닿았음을 느꼈을 것이다.

지금까지는 모두 입 모양은 움직이지 않고, 혀의 위치에 의해서만 소리를 내보았다. 다음의 자음은 특히 입 모양까지 유의하며 발음해 보라.

4 ㅁ / ㅂ / ㅍ

ㅁ / ㅂ / ㅍ의 경우, 입술이 붙었다 떨어지면서 소리가 나는 것을 확인할 수 있다.

5 'ㅎ' 그리고 'ㅅ'

ㅎ의 경우에는 입천장 어디에도 혀가 닿지 않고, 목구멍에서 바로 '흐'하고 빠져나오는 소리이다. 그리고 마지막으로 많은 사람들이 어려워하는 'ㅅ'은 한 가지만 명심하자.

"시옷 발음은 절대 앞니 앞으로 혀가 나오지 않는다는 것." 시옷의 정확한 위치는 윗니 바로 뒤에 거의 닿을까 말까 하는 상태로 발음이 되어야 한다.

위의 내용을 모두 정리해 보면 다음과 같다.

- 혀끝이 앞니와 닿았다 떨어지며 나는 소리 : ㄴ / ㄷ / ㄸ / ㅌ / ㄹ
- 혀의 면이 경구개에 닿았다 떨어지며 나는 소리 : ㅈ / ㅉ / ㅊ
  (혀끝은 비교적 힘이 빠진 상태)
- 혀의 뿌리가 연구개에 닿아서 나는 소리 : ㄱ / ㄲ / ㅋ / ㅇ
- 입술이 붙었다 떨어지면서 나는 소리 : ㅁ / ㅂ / ㅍ
- 목구멍에서 바로 빠져나오는 소리 : ㅎ
  (입천장 어디에도 혀가 닿지 않음)
- 윗니 바로 뒤에 거의 닿을까 말까 하는 상태로 나는 소리 : ㅅ
  (절대 앞니 앞으로 혀가 나오지 않음)

이렇듯 우리 말의 자음은 모두 정해진 혀의 위치가 있다. 아마 그동안 여러분의 발음이 부정확했다면, 이는 혀가 올바르게 위치하지 않았을 가능성이 크다. 그러므로, 오늘은 자음 하나하나 직접 소리 내보며, 혀의 위치를 파악해 보았다. 하지만 정확한 혀의 위치를 안다고 하더라도, 하루아침에 혀의 위치를 고치기란 쉽지 않다. 혀 근육도 입술 근육과 마찬가지로 꾸준한 연습과 단련이 필요한 이유이다. 꾸준한 연습을 통해 혀를 유연하게 움직일 수 있게 된다면, 여러분의 발음도 한결 좋아질 것이다.

오늘 학습한 혀의 위치에 유의하며, 다음의 문장을 천천히 읽어 보라.

큰 소리로 읽어보세요

챠프포프킨과 치스챠코프는
라흐마니노프의 피아노 콘체르토의 선율이 흐르는 영화
파워트 웨이트를 보며 포테이토 칩, 파파야 등을 포식하였다.

\ 3 / 정확한 속도로 오독을 줄인다.

입술 근육과 혀의 위치 모두 발음에 있어서 기본이 되는 요소지만, 무엇보다도 여러분의 발음이 꼬이는 가장 큰 이유는, 조급한 마음으로 읽다 보니 속도가 빨라지기 때문일 것이다. 이는 너무나도 당연한 얘기 같지만, 그만큼 무엇보다도 기본이 되는 내용이다. 왜냐하면, 여러분의 혀와 입술 근육 모두 움직이는 데에 충분한 시간이 필요한데, 근육이 움직이는 속도보다 읽는 속도가 빠르고 급해지면 발음이 뭉개지고, 꼬일 수밖에 없는 것이다.

아마 침착한 속도로 또박또박 읽기만 해도, 발음의 정확도는 올라갈 것이다. 다음의 문장을 충분한 시간을 갖고, 침착하게 소리 내보라.

큰 소리로 읽어보세요

한국관광공사 곽진광 관광과장

위 문장의 경우, 특히 이중모음이 많이 이용된 문장이다. 이중모음의 경우, 분명히 단어는 한 단어지만, 입술 근육이 두 번이나 움직어야 하므로 속도가 빨라지면 그만큼 발음하기에 매우 어려울 수밖에 없다. 이중모음의 경우 특히 더욱 천천히 읽어야 하는 이유다.

천천히 읽게 될 경우, 읽으면서도 매우 느리다고 느낄 수 있지만, 청중의 입장에서는 그 속도가 오히려 적정 속도일 수 있다. 그러므로, 급한 마음을 내려놓고 침착하게 단어를 발음하면, 오독을 줄이면서 청중에게 정확하게 내용을 전달할 수 있다.

\ 4 / 일상생활에서 단련할 수 있는 하루 5분 훈련법.

정확한 입 모양과 혀의 위치를 꾸준히 단련하는 것도 기본이지만, 만약 급하게 스피치를 해야할 경우, 입술과 혀가 조금 더 편하고 빠르게 움직일 수 있도록, 긴장을 이완하는 스트레칭을 해주는 것도 좋은 방법이다. 지금부터, 스피치 직전 조음기관 근육의 긴장을 이완할 수 있는 '조음기관 스트레칭' 세 가지를 함께 해보자.

조음기관 스트레칭

1) 입술 부르르 떨기

입술의 근육을 풀어주는 데에 매우 좋은 동작이다. 먼저 코로 숨을 크게 들이켜고, 입술을 아주 얇게 벌리고 공기를 내뱉으면 된다. 혹시 이 방법이 어려우면 엄지와 검지를 양 볼에 대고 살짝 누르며, 공기를 내뱉어 보라.

2) '똑/딱/똑/딱' 혀 튕기며 시계 초침 소리내기

어렸을 적 자주 했을 시계 초침 소리를 떠올리면 된다. 혀를 튕기면서 맑은 소리를 내보자. '똑/딱/똑/딱'을 총 5번 정도 해주는 것이 좋다.

3) 입을 크게 크게 벌려서 턱의 근육 풀어주기.

입을 크게 크게 벌려서 턱의 근육을 풀어주는 것도 매우 좋은 방법이다. '아' 발음을 넘어, 턱까지 자극이 오도록 크게 벌려주자. 이 스트레칭도 5회 정도 반복해 주는 것이 좋다.

스피치를 선물에 비유한다면, 청중에게 전달하고자 하는 내용은 '선물할 물건'이 되고, 발성과 발음은 그 선물을 담는 '포장'이 될 것이다. 포장이 깔끔하고 예쁘다면, 선물 받는 입장에서도 기분이 좋아지지만, 반대의 경우에는 받기에 꺼려질 수 있다. 이렇듯, 물론 안에 들어있는 내용도 중요하지만, 아무리 좋은 내용이더라도 잘못된 발음과 발성으로 전달되면, 청중에게 전달되지 않을 수 있다.

조음기관의 긴장을 풀어주는 스트레칭은 물론 효과적인 방법이지만, 매일매일 정확한 입 모양, 그리고 정확한 혀의 위치를 인지하고, 연습하는 것이 무엇보다 중요하다. 이를 위해, 다음과 같은 발음표를 인쇄해, 집에 붙여두고, 매일매일 한 글자 한 글자 큰소리로 읽으며, 혀의 위치와 입 모양을 의식적으로 떠올리며 새로운 발음 습관을 몸에 익혀보도록 하자.

발음표

가	갸	거	겨	고	교	구	규	그	기
나	냐	너	녀	노	뇨	누	뉴	느	니
다	댜	더	뎌	도	됴	두	듀	드	디
라	랴	러	려	로	료	루	류	르	리
마	먀	머	며	모	묘	무	뮤	므	미
바	뱌	버	벼	보	뵤	부	뷰	브	비
사	샤	서	셔	소	쇼	수	슈	스	시
아	야	어	여	오	요	우	유	으	시
자	쟈	저	져	조	죠	주	쥬	즈	지
차	챠	처	쳐	초	쵸	추	츄	츠	치
카	캬	커	켜	코	쿄	쿠	큐	크	키
타	탸	터	텨	토	툐	투	튜	트	티
파	퍄	퍼	펴	포	표	푸	퓨	프	피
하	햐	허	혀	호	효	후	휴	흐	히

✦ 학습 정리 ✦

1 **발음과 발성 :** 이 강의에서는 정확한 발음과 발성을 위해 입모양과 혀의 위치의 중요성을 강조했습니다. 모음과 자음의 발음법을 이해하고 연습하여 정확한 발음을 달성하는 기초를 다졌습니다.

2 **스피치 속도 조절 :** 스피치에서는 침착하고 적절한 속도로 말하는 것이 중요합니다. 빠른 속도로 발음을 하면 오독이 발생할 수 있으므로, 천천하게 말하며 발음 정확도를 높이는 습관을 기르는 방법을 배웠습니다.

3 **일상 생활 적용 :** 학습한 발음 및 발성 연습법을 일상 생활에서 적용하여 스피치 능력을 향상시킬 수 있습니다. 꾸준한 연습과 노력을 통해 발음과 발성을 개선하고, 스피치에서 더 자신감을 가질 수 있도록 노력할 것입니다.

✦ 생각 정리하기 ✦

3강

스피치 능력 향상

03

전달력의 심화는 '읽지 않고, 말을 하는 것'

앞선 내용을 통해, 여러분은 스피치의 기본을 다져 보았다. 이제부터는 조금 더 나아가 전달하는 방법을 학습해보자. 물론, 안정된 목소리, 정확한 발음, 침착한 속도 모두 중요하고 기본적인 사항이지만, 다음 중 하나라도 해당되는 경우에는, 무엇보다도 '말하는 것'이 가장 시급한 문제일 수 있다.

- 나는 스피치를 할 때면, 딱딱하고 어색하게 말한다.
- 긴 문장을 얘기하면, 청중이 지루해 한다.

\ 1 / '읽는 것'과 '말하는 것'의 차이를 비교할 수 있다.

'말하는 것'과 '읽는 것'. 다소 추상적인 이 두 가지 단어는 생각보다도 스피치에서 큰 부분을 차지하고 있다. 그리고, '읽는' 스피치는 결코 매력적인 스피치가 될 수 없다.

우리 한국어는 특히 '구어체'와 '문어체'가 명확하게 구분되어 있는 언어이다. 이 중, 스피치는 특히 입말, 즉 '구어체'를 이용해 진행해야 하는데, 이는 청중의 입장에서 일방향적인 '읽는' 스피치는 쉽게 피로해지고 지루해지기 때문이다. '말하는' 스피치는 청중에게 양방향적인 커뮤니케이션으로 느껴지게 되며, 내용을 이해하고, 흐름을 파악하는 데도 용이할 뿐만 아니라, 청중의 몰입도도 높여줄 수 있다. 그러므로 효과적으로 스피치를 진행하기 위해서는 무엇보다도 '말하는' 스피치를 구사할 수 있어야 하는 것이다.

그렇다면 우선, 여러분의 스피치 스타일을 파악하기 위해, 다음의 문장을 큰 소리 내어 읽어보라.

큰 소리로 읽어보세요

양쯔강 후베이성 젠리형 부근에서 구조대원들이
침몰한 동팡즈 싱호 선체에 올라가 작업을 벌이는 중이다.

다음의 문장을 단순히 소리내어 '읽'었을 경우에는, AI 음성과도 비슷한 느낌이 느껴질 것이다. 이는 한 글자 한 글자에 집중하고, 문장 전체를 보지 않기 때문에 어색하고 딱딱하게 느껴지는 것이다.

사실 우리 모두 평소에 주변 사람들과 편하게 대화할 때는 자연스럽게 '말'하고 있다. 하지만, 스피치를 하거나 무대에 오를 때면 '틀리지 않아야 된다'는 생각 때문에, 오히려 한 글자 한 글자 어색하고 딱딱하게 말하게 되는 것이다. 이렇게 될 경우, 청중의 입장에서는 듣기 불편하고, 집중 할 수가 없게 된다.

그뿐만 아니라 대부분이 무대 위에서 긴장하게 되어 '대본'에 의지한 채로 '읽'게 된다. 이 경우 생각하지 않고 읽기만 하면 되기 때문에 속도가 빨라지고, 이 때문에 오독도 늘어나게 될 뿐만 아니라, 대본에만 시선이 향하기 때문에 청중은 스피치 내용에 집중할 수가 없다.

보통 스피치를 일방향적인 소통이라고 생각하지만, 사실 스피치 또한 청중과 소통하는 양방향 커뮤니케이션이며, 청중 입장에서 듣기 편안한 스피치야 말로 좋은 스피치라 할 수 있다.

그럼 지금부터, 청중의 집중력을 사로잡는 '말하는' 방법에 대해 알아보자.

\ 2 / 좋은 스피치란, 내용을 완벽히 숙지한 스피치이다.

당연한 애기지만, 무대에 오르는 발표자는 내가 청중에게 전하고자 하는 내용을 '완벽히' 알고 있어야 한다. 앞서 언급한, '대본에 의지' 하게 되는 가장 큰 이유는, 긴장되는 이유도 있지만, 내용을 완벽히 숙지하지 못했을 가능성이 매우 크다. 그러므로, 내용을 완벽히 숙지하면 어느 정도 대본 의존도를 낮출 수 있는 것이다.

물론, 대본을 활자 하나하나 빠트리지 않고 외우는 것은 불가능하다. 여기서 강조할 것은, "대본의 글자 하나하나 빠트리지 않고 모두 말해야 하는 것은 아니라는 것"이다. "키워드"와 "흐름". 이 두 가지만 완벽히 준비하면 된다.

1 키워드 강조

이 중, 먼저 '키워드'에 대해 살펴보자. 다음의 문장을 소리내 읽어보라.

큰 소리로 읽어보세요

설득은 목소리의 크기가 아니라 논리력으로 좌우된다.

이어서, 다음 문장을 소리내 읽어보라.

큰 소리로 읽어보세요

설득은 목소리의 크기가 아니라 "논리력"으로 좌우된다.

위의 문장에서 가장 중점적으로 전하고자 하는 바는, 결국 "설득은 논리력으로 좌우된다." 일 것이다. 이에 따라, '논리력'을 키워드로 설정하고, 강조해서 읽게 되면 청중은 무엇이 더 중요한지, 전하고자 하는 내용이 무엇인지 더욱 쉽게 이해하고 파악하게 될 것이다.

키워드만 강조해도, 여러분이 중간중간 대본을 본다고 하더라도 청중은 불편함을 느끼지 않을 것이다. 그러므로, 이 키워드를 확실히 숙지하고, 키워드를 강조함과 동시에 청중과 아이컨택을 하는 것이 매우 중요하다.

2 발표의 '흐름' 숙지

스피치 대본의 활자 하나하나를 '나무'라고 생각해 보자. 발표자는 나무 한 그루보다 '숲'인 흐름 전체를 파악하고, 주도해 나가야 할 것이다. 어떤 내용을 발표하고 있으면서도, 다음으로 이어질 내용을 완벽히 알고, 발표를 이어 나가야 하는 것이다. 이렇듯, 키워드와 흐름만 완벽히 숙지해도, 여러분은 무대에 오를 때에 더욱더 자신감 있는 모습으로 오를 수 있다. 말하기의 가장 기본 중의 기본은 '완벽한 숙지'와 이를 통한 '자신감'이다. 키워드를 적절히 강조하고, 흐름만 정확히 파악해도, 여러분이 중간중간 대본을 보는 것에 청중은 어색함을 느끼지 않을 것이다.

\ 3 / 문장은 최대한 간결하게 말하고, 의미 단위는 한 호흡으로 말할 수 있다.

지금부터는 '말하는 스킬'에 대해 학습해 보자.

1 문장은 간결하면 간결할수록 좋다.

문어체와 구어체의 가장 큰 차이점은 문장의 길이에 있다. 문어체는 설명을 최대한 자세하게 서술하다 보니, 문장 자체가 길어지는 것이고, 구어체는 최대한 간결하게 전달하는 것이 좋다. 문장이 길어질 경우, 청중은 쉽게 지루해지고, 화자도 어쩔 수 없이 점점 '읽'게 되기 때문이다. 청중의 입장에서는 '자세한 설명'보다, '이해하기 쉬운' 설명이 더욱 와닿을 수 있다.

그러므로 말하는 스킬의 첫 번째는, 최대한 '간결한 문장'이다. 먼저, 다음 예시 문장을 살펴보라.

안 촉촉한 초코칩 나라에 살던 안 촉촉한 초코칩이 촉촉한 초코칩 나라의 촉촉한 초코칩을 보고 촉촉한 초코칩이 되고 싶어서 촉촉한 초코칩 나라에 갔는데 촉촉한 초코칩 나라의 문지기가 "넌 촉촉한 초코칩이 아니고 안 촉촉한 초코칩이니까 안 촉촉한 초코칩 나라에서 살아"라고 해서 안 촉촉한 초코칩은 촉촉한 초코칩이 되는 것을 포기하고 안 촉촉한 초코칩 나라로 돌아갔다.

위 문장은 놀랍게도 한 문장이다. 별로 어렵지 않은 내용임에도 이 문장이 말하는 바가 와닿지 않고, 결론 또한 파악하기가 쉽지 않다. 이렇듯, 스피치를 할 때에 많이 하는 실수 중 하나가 바로 이렇듯 최대한 많은 정보를 전달하고자, 문장이 길어진다는 것이다. 하지만, 다시 한번 강조하자면, 내용이 아무리 중요하더라도 문장이 길어지면 길어질수록 청중의 피로도만 높아질 뿐이다. 위 문장은 놀랍게도 5개 이상의 간결한 문장으로 바꿀 수 있다.

안 촉촉한 초코칩 나라에 안 촉촉한 초코칩이 살았다. /
그러던 어느날, 안 촉촉한 초코칩은 촉촉한 초코칩 나라의 촉촉한 초코칩을 보고 촉촉한 초코칩이 되고 싶었다. /
그래서 촉촉한 초코칩 나라에 갔는데 촉촉한 초코칩 나라의 문지기가 이렇게 말했다. /
"넌 촉촉한 초코칩이 아니고 안 촉촉한 초코칩이니까 안 촉촉한 초코칩 나라에서 살아" /
결국 안 촉촉한 초코칩은, 촉촉한 초코칩이 되는 것을 포기하고 안 촉촉한 초코칩 나라로 돌아갔다.

문장이 간결해지고, 중복된 단어들도 생략됨에 따라, 이야기의 흐름 파악이 훨씬 쉽고, 듣는 데에 불편함이 줄어들었다는 것을 느낄 수 있다. 그뿐만 아니라, 문장이 간결해지면서, 말하는 속도도 침착해지는 것을 느꼈을 것이다.

결국, 문장이 간결해지면, 청중도 발표의 흐름을 따라가기가 수월해지며, 청중의 집중도 오래 지속시킬 수 있는 것이다. 간결한 문장은 이렇듯, 말하는 사람도, 듣는 사람도 모두 편하게 만들어준다.

2 의미 단위는 한 호흡으로 하라

간결한 문장과 더불어, 진짜 '말'을 하기 위해서는 의미 단위별로 읽는 것이 매우 중요하다. 의미 단위를 파악하기 위해, 다음 문장을 살펴보자. 이 문장은 아래의 네 가지 의미로 읽힐 수 있다.

(**큰아버지가방에들어가십니다.**)

큰 아버지가 방에 들어가십니다.　　큰 아버지 가방에 들어가십니다.

큰아버지가 방에 들어가십니다.　　큰아버지 가방에 들어가십니다.

이렇듯 어떻게 띄어 쓰느냐, 즉 어떻게 읽느냐에 따라 의미는 달라질 수 있다. 문장의 길이와 상관없이 어떤 문장을 읽을 때, 단어 단위로 읽게 되면, 아무리 또박또박 잘 말하더라도 의미 연결이 제대로 되지 않아 전체 내용에 대한 파악이 쉽지 않다. 따라서 단어 하나하나의 단위가 아닌, 의미 단위로 말하는 습관이 중요하다. 의미 단위로 말하게 되면 결국 자연스럽게 강약과 리듬을 조절하며 말하게 되는데, 여러분이 평소에 대화할 때를 생각하면 쉽다. 다음의 문장을 편하게 읽어보라.

큰 소리로 읽어보세요

**많은 사람들이 독해력의 중요성에 대해선 잘 알고 있지만,
독해력을 어떻게 향상시켜야 하는지에 대해선 막막함을 느낀다.**

이 문장을 단어 단위로 하나하나 읽는다면, 주어와 서술어의 구분도 명확하지 않을 뿐만 아니라, 수식어도 파악이 되지 않을 것이다. 결국 문장의 의미를 이해할 수 없게 되고, 인공지능이 읽는듯한 느낌만 주게 될 것이다.

이를 개선하기 위한 가장 효과적인 방법은, 단어 단위가 아니라, '의미 단위'로 '덩어리'를 만드는 것이다. 여기서 의미 단위란, 주어는 주어끼리, 서술어는 서술어끼리, 보어는 보어끼리 덩어리지어 묶는 것이 가장 쉽다. 위의 문장을 다시 덩어리 지어 보면 다음과 같을 것이다.

많은 사람들이 / 독해력의 중요성에 대해선 잘 알고 있지만, / 독해력을 어떻게 향상시켜야 하는지에 대해선 막막함을 느낀다.

이 문장에서 주어인 '많은 사람들'은 '잘 알고 있는 것'과, '막막함을 느끼는 것'이 따로 있다. 잘 알고 있는 것은 '독해력의 중요성'이고, 막막함을 느끼는 것은 '독해력을 어떻게 향상시켜야 하는지'에 대

한 것이다. 그래서 크게 주어/첫 번째 서술어/두 번째 서술어 단위로 덩어리를 만든 것이다. 그리고 이렇게 묶은 한 덩어리는 한 호흡으로 자연스럽게 이어 읽는 것이 중요하다. 이렇듯 의미 단위로 말하게 되면, 청중에 대한 전달력이 향상되고, 여유롭고 자신감 있는 모습을 보일 수 있다.

'말'하는 능력을 향상 시키기 위해서는, 평소 집에 있는 책이나 신문 등을 펼쳐, 의미 단위로 덩어리를 만들어 소리 내어 읽어 보는 것이 효과적이다. 막상 많은 내용의 글을 읽어보면, 생각보다 어렵다는 것을 느낄 수 있을 것이다. 이는 여러분이 평소에 말하기보다 읽는 스피치를 해왔고, 이것이 습관화되어 버렸기 때문이다.

꾸준한 연습을 통해 의미 단위로 읽는 것이 능숙해진다면, 매력적인 스피치를 구사할 수 있을 것이다.

✦ 학습 정리 ✦

1. **'읽는 것'과 '말하는 것'의 차이 :** 스피치에서 '읽는 것'과 '말하는 것'의 차이를 이해하고, 키워드 강조와 의미 단위로 말하기 습관을 통해 자연스러운 스피치를 구사할 수 있도록 노력합니다.

2. **내용 숙지와 키워드/흐름 파악 :** 스피치를 준비할 때 내용을 완벽히 이해하고, 키워드와 흐름을 숙지하여 대본에 의존하지 않는 발표를 할 수 있도록 노력합니다.

3. **간결한 문장과 의미 단위로 말하기 :** 간결한 문장으로 스피치를 진행하고, 의미 단위로 말하기 습관을 형성하여 청중의 이해와 집중을 촉진하며, 스피치의 효과를 높입니다.

생각 정리하기

4강

스피치 능력 향상

01 신뢰감 있는 목소리의 첫걸음

02 전달력의 기본 중 기본, 정확한 발음

03 전달력의 심화는 '읽지 않고, 말을 하는 것'

04 스피치에도 밀당이 필요하다

05 논리적인 스피치를 위한 필승 비법

04

스피치에도 밀당이 필요하다

지금까지 여러분은 스피치의 기본을 다져보았다. 여기서 한 단계 더 나아가 청중을 몰입하게 하고, 집중하게 하는 스피치를 위한 '밀당' 스킬을 학습해 보도록 하자.

스피치에 있어 '밀고 당기기', 즉 '밀당' 스킬은 완급조절을 통한 키워드 강조를 뜻하는데, 키워드 강조법은 기능과 효과에 따라 다양한 종류가 있다. 오늘은 그중에서도 가장 대표적인 세 가지 강조법 에너지 조절 / 속도 조절 / 포즈 조절에 대해 배워보도록 하자.

이 세 가지만 잘 활용해도 여러분의 스피치는 훨씬 다채롭고 매력적으로 들릴 것이다.

\ 1 / 키워드 강조의 중요성을 말할 수 있다.

키워드 강조에 대해 학습하기에 앞서, 키워드를 강조해야 하는 이유는 무엇일까? 이에 대한 답을 찾기 위해, 어렸을 적 누구나 해봤을, 혹은 누군가가 하는 것을 봤을 '악센트 게임'을 떠올려 보자. 다음의 문장을 소리 내어 보자.

큰 소리로 읽어보세요

수박은 맛있다.
수박은 맛있다.
수박은 맛있다.
수박은 맛있다.
수박은 맛있다.
수박은 맛있다.

'악센트 게임'은 대표적으로 한 음절씩 강조하는 게임이라 할 수 있다. 매우 간단한 문장이지만, 여러분 모두 '수'를 강조해야 할 부분에선 '수'에 힘을 넣고, 다른 음절들과 차별되게 읽었을 것이다. 마찬가지로 '박'을 강조해야 할 부분에서도 '박'에만 힘을 주고, 다른 음절들과 차별되게 읽었을 것이다.

어떤 음절을 강조하는가에 따라 여섯 문장이 각각 다르게 들렸을 것이고, 각 음절의 중요도도 다르게 들렸을 것이다. 그렇다면, 한 음절이 아니라, 한 '단어씩' 강조한다면 문장이 어떻게 들리겠는가. 마찬가지로 악센트 게임이 단어 단위로 진행한다고 생각하고 다음 문장들을 소리내서 읽어보라.

큰 소리로 읽어보세요

수박은 맛있다.
수박은 맛있다.

어떤가, 첫 번째 문장의 경우에는 내가 그 어떤 과일들보다 '수박'이란 과일을 맛있어 한다고 느껴질 것이고, 두 번째 문장의 경우에는 수박은 다른 어떤 느낌보다도 '맛있다'고 느낀다는 것이 느껴지지 않는가?

이렇듯 내가 중요하게 생각하는 키워드를 강조함으로써 청중에게 더욱 효과적으로 내용을 전달할 수가 있는 것이다. 강조가 없는 스피치는 밋밋하고 지루해질 수 있기 때문에, 이 강조를 잘 활용한다면 여러분의 스피치는 리듬감과 몰입감을 얻을 수 있다.

하지만, 여기서 주의할 점은 강조를 너무 남발해도 좋지 않다는 것이다. 너무 똑같은 강조법으로 너무 많은 강조를 남발하게 될 경우, 청중이 오히려 피로감을 느낄 수 있기 때문이다. 다음 문장의 단어를 '모두' 강조해서 소리내어 읽어보라.

큰 소리로 읽어보세요

나는 / 수박을 / 너무 / 좋아해.

키워드 강조를 너무 남발하니, 오히려 내가 전하고자 하는 말이 무엇인지 더욱 알 수 없게 된다. 짧은 문장의 경우 한 개, 긴 문장의 경우 두 개의 강조가 적절하다. 여기서 더 나아가 강조할 키워드가 '무엇'이냐에 따라 전달되는 느낌도 달라지는데, 동일한 문장으로 강조하는 키워드를 달리하며 읽어보자.

큰 소리로 읽어보세요

나는 수박을 너무 좋아해. **나는 수박을 너무 좋아해.**

나는 수박을 너무 좋아해. **나는 수박을 너무 좋아해.**

강조하고자 하는 키워드에 대한 '정답'은 없다. 누군가는 다른 사람이 아닌 '내'가 수박을 좋아한다는 것을 강조하고 싶을 수 있고, 누군가는 다른 무엇도 아닌 '수박'을 좋아한다는 것을 강조하고 싶을 수 있다. 그도 아니라면 수박을 '얼마나' 좋아하는지, 혹은 수박에 대한 나의 '감정'이 무엇인지를 강조하고 싶을 수 있다. 다른 문장과의 맥락에 따라, 나의 가치관에 따라 '키워드 설정'은 달라질 수 있으며, 무엇을 키워드로 삼느냐에 대한 정답도 없다.

하지만, 키워드 강조는 스피치에 있어 매우 중요하다. 강조가 잘 되면, 듣기에도 편하고 무엇을 전달하고자 하는지가 명확히 들리기 때문이다. 그러므로, 여러분은 앞으로 대본을 보고, 내용을 충분히 숙지한 후, 내가 청중에게 전달하고자 하는 내용 중 가장 중요한 키워드를 꼽아 이 키워드를 강조하며 스피치하면 되는 것이다. 통상적으로 강조는 한 문장당 키워드 하나에서 두 개 정도가 적당하며, 지금부터 학습할 세 가지 강조법을 적절히 섞어서 사용하는 것이 좋다.

\2/ 키워드 강조법 – (1) 에너지 조절.

가장 흔하게 이용하는 강조법은 '에너지 조절'이다. 내가 강조하고자 하는 키워드에 힘을 더 실어 에너지를 크게 주거나, 오히려 힘을 더 뺌으로써 에너지를 줄이는 것이다. 악센트 게임은 대표적인 '에너지 첨가' 강조법이다. 이렇듯 다른 단어에 비해 키워드에 에너지를 더 실어주는 것은 물론 흔히 사용하고 그만큼 효과적인 방법이지만, 오히려 힘을 빼는 것도 청중의 몰입감을 끌어 올리며, 효과적인 강조법이 될 수 있다.

두 가지 강조법 모두 핵심은, 다른 단어와 비교했을 때 에너지의 차이가 느껴져야 한다는 것이다. 다음 문장에서 따옴표 안의 말을 더 크게 소리 내어 읽어보라.

큰 소리로 읽어보세요

빠른 변화에 적응하려면 '굉장히 큰' 에너지가 필요합니다.

실제로 크다는 단어에 에너지를 더욱 첨가해서 읽으니, 정말 에너지가 많이 필요할 것 같으면서도, 귀에 쏙쏙 박히는 느낌이 들었을 것이다. 이런 에너지 첨가 강조법은 기본적인 목소리의 성량이 작고, 부드러운 느낌의 스피치를 주로 하는 사람들에게 특히 효과적이다. 반전을 줌으로써 청중의 집중을 끌어올릴 수 있기 때문이다.

이어서, 다음 문장에서 따옴표 안의 말을 다른 부분보다 더욱 작게 소리 내어 읽어보라.

큰 소리로 읽어보세요

제가 지금부터 '옛날 이야기' 하나 전해드리겠습니다.

공포 이야기를 떠올려보자. 공포 이야기를 전하는 사람들은 모두 약속이라도 한 듯, 귀신이 나오는 대목에서 목소리를 줄여 적절한 긴장감을 주었을 것이다. 그러면 듣는 입장에서 갑자기 나도 모르게 집중되고, 긴장하게 된 경험이 있을 것이다.

이렇듯 강조할 부분에서 톤을 낮추고, 에너지를 조금 빼주는 것만으로도 속삭이는 느낌이 들면서 쉽게 리듬감이 생기고, 청중이 주의를 기울이게 된다. 이처럼 톤이 높거나, 평소 성량이 큰 사람들은 에너지를 줄이는 방법으로 강조하면 청중이 더욱 집중하게 될 것이다.

물론 에너지를 더 첨가하느냐, 에너지를 더 줄이느냐의 완급 조절 강조법은 개인의 스피치 스타일에 따라, 맥락에 따라 적절히 이용하면 되지만, 전하고자 하는 내용의 분위기를 따라가는 것도 좋은 방법이다. 예를 들어, 문장에서 긍정적인 단어에 에너지를 더 첨가하면 활기찬 느낌을 줄 수 있고, 부정적인 단어에서는 오히려 에너지를 줄여줌으로써 말의 분위기를 한층 높일 수 있는 것이다.

이렇듯 나의 스피치 스타일을 점검하고, 키워드의 분위기를 살려 적절한 에너지 밀당을 활용한다면 충분히 매력적인 스피치가 될 것이다. 다음 문장을 소리내어 연습해 보라.

큰 소리로 읽어보세요 | 에너지 높임 강조

코로나가 완화되면서, 수출량이 절반 가까이 '늘었습니다'.

큰 소리로 읽어보세요 | 에너지 낮춤 강조

코로나의 여파로 매출이 절반 가까이 '줄었습니다'.

\3/ 키워드 강조법 – (2) 속도 조절.

평소 언어 습관으로 말을 빠르게 하는 사람들도 있을 것이다. 그리고 평소에 말을 느리게 하는 편이더라도, 스피치를 하다 보면 긴장되기 때문에 말이 빨라질 수 있다. 너무 느린 것도 문제지만, 청중 입장에서는 빠른 것보다는 오히려 느린 것이 더 좋다.

그러므로 속도 조절 강조법은 특히 '느리게 말하는 것'을 말한다. 강조할 부분에서 천천히 혹은 또박또박 읽듯이 강조하는 방법인데, 특히 이름이나 전문용어, 수치 등에서 상대방이 들었을 때는 낯설지만 정확하게 전달되어야 하는 경우 효과적인 강조법이다. 다음 문장에서 따옴표 안의 단어를 특히 속도를 느리게 하며 소리내어 읽어보라.

큰 소리로 읽어보세요

베블런은 1899년에 '유한계급' 이라는 용어를 제안했습니다.

말을 빠르게 하더라도, 특정 키워드를 느리게 읽음으로써 주의가 집중되며 키워드가 강조되는 효과를 느낄 수 있다. 물론, 빠르게 말하는 것도 필요는 하다. 5분을 넘어, 10분 정도의 긴 발표 상황에서 모든 문장을 느리게 말한다면 그 발표는 지루하게 느껴진다. 언급은 꼭 해야 하지만, 다소 중요도가 떨어지는 문장이 있다면 조금 빠르게, 그러면서도 중요한 단어는 조금 천천히 한 글자 한 글자 짚어가며 스피치를 이어가 본다면, 내용이 훨씬 잘 전달될 것이다. 다음의 문장에서 따옴표 안의 단어를 특히 느리게 하며, 소리내어 연습해 보라.

큰 소리로 읽어보세요

태어난 달을 상징하는 보석 '탄생석' 을 몸에 지니면,
행운을 불러들인다는 설이 있다.

\ 4 / 키워드 강조법 – (3) 포즈 활용.

이 모든 강조법 중 가장 매력적으로 이용할 수 있으며, 속도 조절을 더욱 쉽게 해주는 강조법이 있다. 바로 '포즈 활용 강조법' 이다. 여기서 포즈(pause)는 '잠깐 멈춤'을 뜻하는 영어 단어로서, 강조할 키워드 앞에서 잠깐 멈추는 것을 뜻한다. 이 포즈를 잘 활용하기만 한다면, 청중에게 훨씬 여유로워 보일 수 있고, 실제로도 숨을 잠시 고를 시간을 얻음으로써 여유 있게 스피치를 진행할 수 있다.

그렇다면 포즈 진행은 어떻게 하는 것일까? 앞에서 예시를 들었던 문장을 쉼표와 따옴표에 유의하며 소리내어 읽어보라.

큰 소리로 읽어보세요 / 포즈가 없이 속도 조절로만 강조한 경우

베블런은 1899년에 '유한계급'이라는 용어를 제안했습니다.

큰 소리로 읽어보세요 / 속도 조절과 포즈를 함께 사용한 경우

베블런은 1899년에, '유한계급'이라는 용어를 제안했습니다.

포즈는 특히 다른 강조법과 함께 사용할 때 시너지가 커지는 강조법이다. 키워드 앞에서 잠시 멈추고, 끊었다가 이어지는 키워드를

느리게 읽거나 완급 조절을 함으로써 키워드 강조가 더욱 효과적으로 들리게 하는 것이다. 포즈가 낯선 여러분에게는 이 멈춤이 길게 느껴질 수 있다.

하지만, 청중의 입장에서 이 공백은 전혀 어색하게 들리지 않으며, 오히려 잠깐의 숨을 고를 시간은, 청중과 화자 모두에게 생각을 정리할 시간이 될 수 있다. 또한 키워드를 더욱 쉽게 강조할 수 있도록 도와줄 것이다.

이 포즈는 굳이 강조할 때만이 아니더라도, 문장이 끝나는 마침표, 긴 문장의 쉼표, 문장과 문장을 연결하는 접속사, 청중에게 생각할 거리를 던져줄 때도 효과적으로 이용할 수 있다. 이렇게 포즈를 적절히 활용하면, 청중은 머릿속에서 다시 한번 정리하고 입력할 시간을 얻어 습득한 내용을 더욱 오래 기억할 수 있다.

그럼, 다음 문장을 포즈 활용을 통해 강조해서 읽어보라. 앞의 키워드는 완급조절이나 속도 조절 중 자유롭게 이용하여, 그리고 뒷 키워드는 포즈와 속도 조절 강조법으로 강조해서 읽으면 더욱 효과적일 것이다.

큰 소리로 읽어보세요

'세계 고양이의 날'은 고양이 인식 개선, 유기묘 입양, 고양이의 탄생을 축하하기 위한 날로, '매년 8월 8일'이다.

\ 5 / 연습 문구.

아래의 문구를 오늘 배운 키워드 강조법을 자유롭게 활용해 소리내어 차근차근 읽어보라.

큰 소리로 읽어보세요

'손 없는 날'이란 악귀가 없는 날이란 뜻으로,
우리나라 전통 민속신앙 중 하나입니다.
현재도 손 없는 날은, 이사, 혼례, 개업 등
주요 행사 날짜를 정하는 기준이 되고 있는데요.
그렇다 보니, 손 없는 날에는 이사비용이 더 비싸게 책정됩니다.

스피치의 가장 대표적인 실패 요인은, '목소리가 작거나, 속도가 빠르거나 너무 일정하다'는 것이다. 목소리가 작으면 청중은 피곤하고 답답한 느낌을 느끼게 되고, 속도가 빠르면 발표 내용을 따라가기 힘들어진다. 그리고 너무 일정한 어조와 톤, 속도의 스피치는 지루하고 졸리다는 느낌을 주게 된다.

오늘 학습한 강조법을 다채롭게 활용한다면, 단조로운 스피치를 탈피해 여러분의 스피치를 다채롭게 꾸미면서도, 청중에게 여유롭다는 인상을 줄 수 있다. 키워드 강조법에 대한 원리와 논리를 안다고 하더라도, 바로 적용하기란 쉽지 않다. 일상생활을 하며 만나는 다양한 문장에서 키워드를 고민해보고, 소리내어 읽어보며 강조법을 연습해 보라.

쉬어가기

- '악센트 게임' 한 번 해볼까요?

달이 밝게 빛났어.
달이 밝게 빛났어.
달이 밝게 빛났어.
달이 밝게 빛났어.
달이 밝게 빛났어.
달이 밝게 빛났어.
달이 밝게 빛났어.

책상 위에 컵이 있어.
책상 위에 컵이 있어.
책상 위에 컵이 있어.
책상 위에 컵이 있어.
책상 위에 컵이 있어.
책상 위에 컵이 있어.
책상 위에 컵이 있어.
책상 위에 컵이 있어.

✦ 학습 정리 ✦

1. 스피치에서 키워드 강조는 듣는 이의 이해를 돕고, 스피치를 흥미롭게 만들어주는 중요한 요소입니다.

2. 에너지 조절을 통해 키워드에 힘을 더하거나 뺄 수 있으며, 이를 통해 스피치의 감정과 분위기를 전달할 수 있습니다.

3. 속도 조절과 포즈 활용은 스피치를 더 효과적으로 강조하는 방법으로, 특히 낯설거나 중요한 정보를 강조할 때 유용합니다.

생각 정리하기

5강

스피치 능력 향상

05 논리적인 스피치를 위한 필승 비법

05

논리적인 스피치를 위한 필승 비법

지금까지 계속해서 언급되고 있는 단어는 '스피치'다. 그렇다면, 이 '스피치'는 과연 무엇일까?

스피치 (speech) : 청중에게 자신의 의견을 조리있게 말하는 것.

그렇다. 스피치는 청중에게 자신의 의견을 조리 있게 말하는 것을 뜻한다. 이렇듯 스피치는 정의에서부터 '청중'을 설정해 놓고 있다. 다시 말해, 스피치는 가장 먼저 청중의 입장에서 생각하는 것이 중요하다. 청중이 이해하기 쉽고, 청중에게 신뢰감을 얻은 스피치일수록, 좋은 스피치로 평가받는 이유도 그것이다.

물론 앞선 학습을 통해 습득한 '스킬'을 활용해 전달하는 것도 중요하지만, 청중에게 전달할 내용 자체가 '논리'를 가지고 있어야 할 것이다. 앞뒤가 들어맞지 않는 말을 아무리 좋은 스킬로 전달한다고 하더라도, 청중은 결국 길을 잃게 되고 말 것이기 때문이다.

따라서 오늘은 논리적으로 스피치 내용을 채우는 방법과 함께 내용을 설득력 있게 전달하기 위해 하지 말아야 할 2가지를 학습해 보도록 하겠다.

\ 1 / 내 스피치의 헤드라인을 정할 수 있다.

논리적인 스피치를 위한 첫 단계는, '전달하고자 하는 바가 명확해야 한다'는 것을 명심하는 것이다. 스피치 대본을 작성하거나, 즉흥 스피치를 하더라도 여러분은 가장 먼저 주제가 되는 뼈대를 단단하게 세워야 한다. 아마 지금까지 스피치를 끌고 나가는 게 어렵게 느껴졌다면, 이 뼈대를 제대로 세워놓지 않았기 때문일 가능성이 높다.

그렇다면, 이 뼈대, 즉 주제를 명확히 세우기 위해서는 무엇을 해야 할까? 이에 대한 대답은 생각보다 간단하다.

여러분이 신문이나 뉴스를 볼 때, 가장 먼저 보는 것이 무엇인가? 아마 기사의 내용을 보기보다, '헤드라인'을 먼저 볼 것이다. 그리고 영화를 보기 전 리뷰를 볼 때에도, '한 줄 평'을 주로 보게 될 것이다.

헤드라인은 그 기사를 작성한 기자가 가장 중요하다고 생각한 내용을, 그리고 한 줄 평은 영화를 본 사람이 영화를 보고 느낀 소감을 압축적으로 표현한 것이다. 그렇기 때문에 우리는 헤드라인이나 한 줄 평만 보고도 대략적인 내용을 파악할 수 있다.

이렇듯, 나의 스피치에서도 청중은 나의 헤드라인, 혹은 한 줄 평을 명확하게 느껴야 하는 것이다. 예를 들어보자. 다음의 문장들을 살펴보라.

- 공부를 잘하는 것도 중요하지만, 소통하는 것이 더욱 중요합니다.
- 스피치에 있어 내용도 중요하지만, 전달력도 중요합니다.
- 저는 관우와 같이 의리 있는 사람이 되고 싶습니다.
- 저는 건강하기 위해서 운동을 해야 한다고 생각합니다.

이 한 줄만 보더라도, 화자가 앞으로 진행할 스피치가 어떤 내용을 담고 있을지 충분히 파악이 가능하다. 이렇듯, 전하고자 하는 메시지는 명확하고 간단해야 한다. 그렇다면, 지금부터 여러분의 한 줄 평을 만들어 가보도록 하자. 아래의 질문에 대해 준비된 필기도구를 이용해 최대한 명확하고 간단한 한 줄로 채워 보라.

Q 가고 싶은 여름휴가 장소는 어디인가요?

아마 모두 각기 다른 대답으로 채웠을 것이다. 여러분의 각기 다른 대답은 하나의 뼈대가 되며, 지금부터 이 한 줄의 뼈대에 논리라는 살을 붙이는 과정을 함께해보도록 하겠다.

\2/ 한줄평을 PREP 기법과 함께 확장할 수 있다.

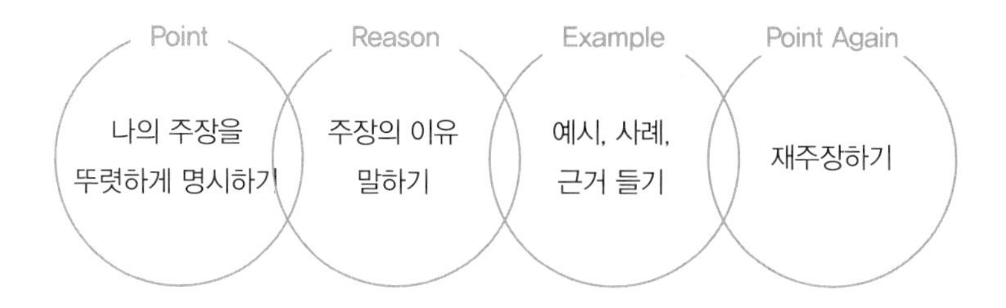

PREP (프렙) 기법이란, Point – Reason – Example – Point Again의 약자로, 크게 네 단락의 구조로 말하거나 글을 쓰는 방법이다. 특히 영국의 전 총리 윈스턴 처칠이 연설에서 자주 사용해 왔기에 일명 '처칠식 말하기 기법'이라고도 불린다. 말과 글을 구조적으로 만들어주기 때문에 논리적인 주장을 할 때 효과적인 기법인데, 1분, 3분 혹은 5분 정도의 짧은 스피치를 준비할 때 이용하기 좋다. 그럼, 지금부터 하나하나 살펴보도록 하자.

먼저 Point는 '나의 주장을 뚜렷하게 명시하기'다. 쉽게 말해, 결론이나 주제를 가장 먼저 언급하는 두괄식 말하기의 전형적인 방법이다. 보통 스피치의 경우 '1분, 3분'과 같이 시간에 제한을 두는 경우가 많아 나의 주장을 가장 먼저 말하고 시작하는 것이 상대방을 설득하는 강력한 기술이 될 수 있다.

때문에, 포인트 과정에서는 '~해야 한다 / ~하지 말아야 한다. / 내 생각은 ~하다.'등과 같은 문장 구조를 띄며, 내 생각을 '명확한' 한 문장으로 보여주는 것이 중요하다. 다시 말해, 앞서 정리한 한 줄 평을 포인트하며 문장을 시작하면 된다.

그리고 Reason은 '주장의 이유 말하기'이다. 내가 전하고자 하는 내용에 논리를 부여하는 첫 번째 단계로서, 이유는 꼭 하나일 필요가 없고 복수여도 무방하며, 이 경우 '첫째, 둘째'와 같이 숫자를 매기는 것이 좋다. 그리고 문장구조는 '왜냐하면 ~이기 때문이다' 의 형태를 띠게 된다.

세 번째, Example은 예시, 사례, 근거 들기 단계이다. 앞서 부여한 논리에 타당성을 첨가하는 방법으로, 내가 직접 겪은 경험을 언급함으로써 신뢰도를 높일 수 있다. 꼭 내가 겪은 경험이 아니더라도 연구 결과나 기사를 인용하는 등 신뢰감을 줄 수 있는 적절한 예시와 근거를 제시함으로써 청중의 이해를 돕게 된다. 이 단계에서는 '예를 들면~ / ~에 따르면 / 이 기사에 따르면 / 이 이론에 따르면' 등 인용하는 말을 많이 사용하게 된다.

마지막 Point again 단계는 재주장하기 단계이다. 결론적으로 나의 주장을 한 번 더 언급하며 강조하는 것으로, '그러므로 나는 ~ 라고, 생각한다 / 따라서 ~ 해야 한다.' 등의 문장 구조를 띈다. 마지막으로 정리하는 효과가 있어 청중에게 나의 메시지를 효과적으로 전달할 수 있다.

앞서 '가고 싶은 여름휴가 장소가 어딘가'에 대한 대답으로 "저는 여름휴가로 태국에 가고 싶습니다."를 했다면, PREP 기법에 따라 아래와 같이 채워볼 수 있을 것이다.

Point	저는 여름휴가로 태국에 가고 싶습니다.
Reason	태국은 음식도 맛있고, 볼거리와 놀거리가 풍부하기 때문입니다.
Example	첫째, 어렸을 때 갔던 태국이 너무 인상 깊었습니다. 둘째, 최근 드라마에서 다룬 이후, 태국으로 떠나고 싶다는 응답이 80%로 늘었다고 합니다. 그만큼 태국은 모두에게 인기가 많은 휴양지입니다.
Point again	그러므로 저는 태국에 여름휴가를 떠나고 싶습니다.

Prep 기법은 내 메시지를 명쾌하게 전달하는 데에 굉장히 효과적인 방법이며, 세계적인 컨설팅 회사 멕킨지가 적극 활용할 정도로 효과가 좋다. PREP 기법은 이렇듯 스피치 구성에 활용해도 좋지만, 짧은 시간에 명확하게 자신의 의견을 밝혀야 하는 회의, 보고, 면접에 활용해도 좋을 것이다. PREP 기법을 활용해 스피치를 준비한다면, 여러분의 스피치는 훨씬 매력적으로 변해 있을 것이다. 그럼, 앞서 준비한 여러분의 한 줄 평을 PREP 기법으로 이어가 보도록 하자.

Point

Reason

Example

Point again

\ 3 / 논리적인 스피치를 위해 하지 말아야 할 2가지.

논리적인 스피치의 구성을 마쳤다면, 청중에게 효과적으로 논리를 전달하는 방법을 학습해보도록 하자. 간단하게 두 가지만 하지 않으면 된다. 이 두 가지를 하지 않기만 해도, 여러분의 스피치는 훨씬 더 자신 있고, 여유로워 보일 것이다.

1 ~일 것 같습니다.

먼저 다음의 두 문장을 비교해 보자.

건강을 위해 운동을 해야 합니다.
건강을 위해 운동을 해야 할 것 같습니다.

어떤가. 첫 번째 문장은 믿음이 가는 반면, 두 번째 문장은 메시지에 확신이 없고, 추측하는 말로 들릴 것이다. "~인 것 같습니다."는 사실 우리가 평소에 흔히 쓰고 있는 말이다. "맛있는 것 같습니다 / 해야 할 것 같습니다. / 그럴 것 같습니다." 등 겸손을 표현하기 위해 자주 사용하고 있으며, 일상생활에서 사용할 때는 전혀 문제가 없다.

하지만, 스피치는 '설득을 하고, 메시지를 전달하는 말하기'이기 때문에, 내가 전하고자 하는 메시지에 내가 확신이 없다면 청중을 설득할 수가 없다. 따라서 앞으로는 '~인 것 같습니다.' 대신, 내 메시지에 확신이 있는 말로 바꾸어야 한다. 따라서 앞으로는 "~입니다. 저는 ~라고, 생각합니다. ~해야 합니다." 등의 말로 바꾸어 사용해 보자.

2 습관어

내가 말하고자 하는 내용에 확신이 없는 말투도 문제지만, 개개인이 가지고 있는 습관어도 지양해야 한다. 사람마다 자신도 모르게 습관처럼 빈번하게 사용하는 특정 단어나 문구가 있다. 이는 글로 쓸 때는 전혀 나타나지 않지만, 말로 할 때 특히 긴장되는 상황에서 나타난다. 습관어는 대개 말하는 도중 다음 단어가 바로 생각나지 않을 때 사용하는 단어로, 오랜 기간 사용했기 때문에 전혀 인지하지 못하는 경우가 많기 때문이다.

이런 습관어는 말의 흐름을 깨고, 의미 전달을 방해할 뿐만 아니라, 청중에게 '말이 세련되지 못하고 버벅거린다'는 인상을 주게 된다. 결국, 청중은 '말하는 이가 어리숙하고 미숙하다'고 인식하고 집중하지 않게 되는 것이다.

어떤 습관어를 사용하는지는 주변 사람에게 물어보거나, 말하는 모습을 동영상으로 촬영해 살펴보면 확인할 수 있다. 스스로의 말을 제3자의 관점에서 관찰하면 몰랐던 습관어를 발견할 수 있는 것이다. 보통 습관어의 기준은 '음, 어, 엄청, 너무, 정말, 솔직히' 등 두세 문장 사이에서 특정 단어가 빈번하게 사용되는 것으로 삼으면 된다.

단어 자체에도 '습관'이 들어가 있듯, 습관어를 하루아침에 고치기란 쉽지 않다. 하지만 나의 습관어가 무엇인지 인지하는 것만으로도, 평소에 스피치를 돌아보고 주의를 기울일 수 있을 것이다. 그리고 이 주의는 습관어의 빈도를 줄여줄 것이다.

세계적인 비즈니스 컨설턴트 브라이언 트레이시는 〈백만 불짜리 습관〉에서 이렇게 말했다.

"'사람이 습관을 만들고, 습관이 사람을 만든다.' 당신은 특별하다. 지금 발휘하는 것보다 훨씬 많은 능력과 재능을 가지고 있다."

그의 말처럼 여러분도 꾸준한 노력을 통해 여러분의 특별한 능력과 재능을 펼칠 수 있을 것이다.

결국 스피치는 앞서 배웠던 깔끔한 목소리와 발음, 전달력 등의 기본과 함께 '깔끔한 이미지, 깔끔하게 정리된 체계적인 내용, 깔끔하게 정제된 말과 확신이 가는 말투'로 완성된다. 이 요소들을 노력하여 잘 가꾼다면, 청중의 입장에서 내용을 확실하게 전달받고, 이해할 수 있을 것이다. 여러분 모두 스피치를 준비할 때면 청중의 입장에서 이해하기 쉬운지, 전달이 잘 되는지를 기준으로 준비해 보라.

✦ 학습 정리 ✦

1 스피치의 향상을 위해서는 메시지가 명확하고 논리적으로 전달되어야 합니다. 청중의 관점을 고려하여 메시지를 구성하는 능력이 필수입니다.

2 PREP 기법은 Point, Reason, Example, Point Again의 네 가지 요소로 이루어져 있으며, 메시지를 체계적으로 전달하는데 효과적입니다.

3 "~인 것 같습니다."와 같이 확신이 없는 표현과 습관어는 스피치의 품질을 저하시킬 수 있으므로 피해야 합니다. 습관어를 인식하고 줄이는 노력이 필요합니다.

✦ 생각 정리하기 ✦

PART 2

발표 능력 향상

6강

발표 능력 향상

6 지루하지 않은 발표의 비결은 흥미를 이끄는 첫 문장

지금까지 열심히 학습한 스피치는 다시 상황에 따라, 싯다운 스피치와 스탠딩 스피치로 나뉘곤 한다. 두 가지 스피치는 분위기나 영향력 면에서 다소 차이가 있기 때문에, 요구되는 능력도 약간의 차이가 있다. 그렇다면, 싯다운 스피치와 스탠딩 스피치는 무엇이 다른 것일까?

\ 1 / 싯다운 스피치와 스탠딩 스피치를 비교하고, 발표에서 오프닝이 중요한 이유를 설명할 수 있다.

1) **싯다운 스피치**

소수의 사람이 테이블을 사이에 두고 앉거나 편안한 자세로 마주 보고 하는 스피치

Ex) 토론, 면접, 협상 등

2) **스탠딩 스피치**

무대에 올라, 다수의 청중을 향해 한번에 소통하는 스피치

Ex) 강의, 프레젠테이션, 주례, 사회, 발표 등

먼저, 싯다운 스피치(Sit down Speech) 란 한 마디로 '앉아서 나누는 대화'로 소수의 사람이 테이블을 사이에 두고 앉거나, 편안한 자세로 마주 보고 앉아 커뮤니케이션하는 것을 말한다. 그리고 스탠딩 스피치(Standing Speech)란, 한 마디로 '서서 말하는 스피치'로서, 무대에 올라 다수의 청중을 향해 한번에 소통하기 때문에 싯다운 스피치에 비해 철저한 준비와 청중 분석, 시간 조절 등이 갖춰진 말하기를 해야 한다.

싯다운 스피치와 스탠딩 스피치 모두 상황과 청중 설정에 약간의 차이가 있지만, 결국 '설득' 스피치에 포함된다. 때문에 내용 구성의 큰 틀을 구성하는 데 있어 비슷한 유형을 띠게 된다. 이에 대해 미국 퍼듀 대학교 엘런 H. 먼로 교수는 상대방을 체계적으로 설득하기 위한 5단계 구성법을 정리했다.

먼로 교수의 '설득을 위한 5단계 구성법'

1) Action (주의를 끌어라.) : 설득의 첫 단계로 도입부에 청중의 반응을 유도하기 위한 질문을 한다.

2) Need Step (필요를 제시하라.) : 주제를 언급한 목적이나 의견을 제시하고, 경험을 언급하면서 문제를 말할 수 있는 입장을 이야기한다.

3) Satisfaction (필요를 만족시켜라.) : 의견을 분명히 밝히고 원인과 결과에 대한 필요를 설명하면서 청중에게 확신을 준다.

4) Visualization (구체적으로 강조하며 해결하라.) : 명확한 공약을 제시하고, 전문가의 말을 인용한다. 또한 증거를 제시하면서 구체적인 해결 방안을 말한다.

5) Action Step (행동으로 이끌어라.) : 청중을 감동하게 하는 결론을 내리고 결심하게 하며 비전을 제시한다.

설득 스피치는 이 5단계 과정을 토대로 내용을 구성하는 것이 효과적이다. 앞서 배운 PREP 기법을 활용해 스피치의 논리를 구성한 다음, 설득 스피치를 위해서는 먼로의 5단계 과정을 통해 구성해 나가는 것이다. 먼로의 5단계 과정에서 가장 1단계는 청중의 흥미를 유발하는 Action 단계이다. 여기서 알 수 있듯이, 스탠딩 스피치는 특히 다수의 청중을 대상으로 하기 때문에 이들의 흥미를 한 번에 이끌 수 있는 오프닝이 매우 중요하다.

물론 모든 스피치에서 오프닝이 중요하긴 하지만, 발표에서 특히 오프닝이 중요한 이유는 크게 다음의 세 가지로 정리해 볼 수 있다.

오프닝의 기능

1) 청중의 흥미를 유발한다.
2) 발표자와 청중 사이의 벽을 허문다.
3) 발표자의 긴장을 풀어준다.

무대 위에 오르는 발표자는 수많은 시선과 청중의 무관심한 표정을 보면 긴장할 수밖에 없다. 그렇기 때문에, 청중과의 벽을 허무는 것이 무엇보다 중요하다. 벽을 허무는 것에 실패한다면 청중은 발표를 '비판적'이고, '이성적'으로 듣게 되고, 이런 상황에서 발표자가 발표를 이어나갈 경우, 더욱 긴장한 상태로 이어나가게 되는 것이다. 때문에, 청중이 조금 더 마음을 열고 감정적으로 '교감'할 준비를 도와줌으로써 발표자 자신도 긴장을 풀고 편안한 마음으로 시작할 수 있게 되는 것이다.

최대한 많은 청중이, 최대한 오래 집중하도록 유도하기 위해서는 첫 문장에서 결론을 먼저 언급하기보다, 청중의 호기심을 유발하며 흥미롭게 시작하는 것이 좋다. 그럼, 지금부터 청중의 몰입도를 방해하는 오프닝 기술 3가지와 함께, 몰입도를 도와주는 오프닝 기술 3가지를 살펴보도록 하자.

\ 2 / 청중의 몰입을 방해하는 오프닝 기술 3가지.

사실 무대에 올라서는 것만으로도, 청중은 발표자를 향해 시선을 모으고 집중하게 된다. 이때 모인 청중의 주의를 붙잡느냐, 놓치느냐는 오프닝으로 결론이 난다고 해도 과언이 아닐 것이다. 오프닝은 발표 전체에 있어 첫인상이기 때문에, 오프닝에서부터 청중에게 매력적으로 다가가는 것이 중요한데, 초보자들은 흔히 다음의 세 가지 실수를 하는 경우가 많다. 이 세 가지 실수를 하게 되면 여러분은 청중에게 결코 매력적으로 다가갈 수 없다.

1 자기소개, 강연 내용 소개, 개요 안내

청중은 이미 사회자로부터 발표자에 대한 소개를 들었다. 여러분이 누구인지, 어떤 발표를 할지에 대한 소개를 받았을 뿐만 아니라, 현장에서 흔히 나누어주는 팸플릿에도 기본적인 정보가 적혀 있을 것이다. 때문에 "안녕하십니까. 방금 소개받은 OOO입니다." 혹은 "오늘 제가 준비한 내용은 ~~ 인데요." 또는, "오늘은 개념 정의부터, 사례, 결론 순서로 발표 진행하겠습니다." 등으로 발표를 시작하는 것은 소중한 발표 시간을 낭비할 뿐만 아니라, 청중의 관심도 잃게 한다.

2 "아 아" / "마이크 잘 들리시나요?" 등의 마이크 점검

많은 발표자는 리허설을 생략한 채로 무대 위에 올라 "아 아," 혹은 "마이크 잘 들리시나요?" 등의 점검으로 발표를 시작한다. 하지만 이는 청중의 입장에서 준비되지 않았다는 인상을 줄 뿐만 아니라, 듣기에도 좋지 않다. 그러므로, 마이크나 장비는 행사 시작 전 리허설을 통해 미리 점검하고 무대 위에 오르도록 하자.

3 강의 내용과 무관한 질문

질문을 통해 청중의 관심과 호기심을 유발하는 것은 좋다. 하지만, 많은 발표자는 긴장을 이완하고, 어색한 분위기를 풀기 위해 이런 질문을 많이 한다.

"오늘 저녁은 드셨나요?"
"어떻게 오셨어요? 차 타고 오셨나요?"
"밖에 비가 너무 많이 오죠?"
"요즘 너무 덥죠?"

생각보다 청중과의 친밀감을 형성하기 위해 위와 같이 날씨, 교통, 식사 등과 같은 질문으로 시작하는 경우가 많다. 하지만, 뒤에 이어지는 내용과 관련 없는 질문이라면 이는 불필요한 질문일 뿐이다. 질문은 강의 내용과 관련 있으며, 뒤에 이어질 내용으로 확장될 수 있는 질문이어야 한다. 물론 앞선 질문이 발표 내용과 관련 있는 경우라면, 질문해도 무방하지만, 관련이 없으면은 과감한 생략이 필요하다.

\ 3 / 청중의 몰입을 도와주는 오프닝 기술 3가지.

앞서 언급한 흔한 실수를 하지 않으면서도, 뻔하지 않은 효과적인 오프닝은 무엇이 있을까? 다양한 오프닝이 있겠지만, 지금부터 알려주는 세 가지 기술을 활용해 효과적인 나만의 오프닝을 만들어 보도록 하자.

1 경험 사례 등의 스토리텔링으로 시작한다

가장 쉽게 이용할 수 있는 오프닝 기법은 경험이 녹아 있는 '스토리텔링'일 것이다. 흥미로운 이야기, 발표자의 경험담, 모두가 공감할 수 있는 스토리 등으로 발표를 시작하는 것은 청중의 관심을 끌 수 있는 매우 좋은 방법이다. 다만, 발표 내용이 맞지 않거나 불쾌감을 주는 등 적절하지 않은 스토리를 선택한다면 오히려 큰 역효과를 볼 수 있기 때문에, 스토리는 신중히 선택하는 것이 좋다.

스토리텔링은 누구나 쉽게 몰입할 수 있으면서도, 개인마다 모두 다른 경험담과 사례가 있을 수 있기 때문에 신선하게 발표를 시작할 수 있다. 본인만의 시그니처가 될 수 있는 신선한 오프닝은 그 자체만으로도 청중의 호기심을 유발할 것이다.

2 질문을 하라

질문은 청중으로 하여금 발표자의 얘기를 일방적으로 듣기만 하는 것이 아니라, 함께 하게 하는 효과가 있다. 그리고 질문을 받게 되면, 청중은 자연스럽게 답변을 고민하면서 생각을 활성화하게 되고, 앞으로 이어질 내용을 궁금해하며, 발표에 더욱 집중할 수 있다.

주의할 점은, 질문이 어려워서는 안 되며, 부담 없이 쉽게 대답할 수 있어야 한다는 것이다.

질문은 두 가지 종류가 있는데, 하나는 생각하고 답변하게 만드는 질문인 "열린 질문"이고, 또 다른 하나는 '네/아니요', '맞다/틀리다'와 같이 양자택일로 답할 수 있는 "닫힌 질문"이다. 예시를 통해 살펴보자.

"여러분, 어떻게 하면 스피치를 잘 할 수 있을지 궁금하시죠?"
"여러분, 어떻게 하면 스피치를 잘 할 수 있을까요?"

첫 번째 질문의 경우, 청중이 '네/아니요'로 쉽게 답할 수 있고, 청중의 입장에서 충분히 관심을 가질 수 있는 내용이기 때문에 좋은 질문이라 할 수 있다. 하지만 두 번째 질문의 경우, 수줍은 청중들이 반응하지 않아 민망한 상황이 펼쳐질 수 있다.

이렇듯 보통 발표의 시작에는 청중이 어색함을 느낄 수 있기 때문에, 청중이 쉽게 답할 수 있는 닫힌 질문이 좋으며, 대부분의 청중이 긍정적으로 답변할 수 있는 질문이 좋다.

3 이어질 내용을 통해 청중이 얻게 될 '이득'을 언급하라

발표를 다음과 같이 시작한다고 가정해보자.

여러분은 오늘 강의를 통해
성공적으로 발표를 시작할 수 있을 것입니다.

어떤가. 신뢰가 생기고, 이어질 내용이 기대되지 않는가? 이렇듯 "여러분은 이 강의를 통해 ~을 하게 될 것입니다."는 형태로 청중에게 '왜 이 발표를 들어야 하는지'의 의미를 부여하는 것도 매우 효과적인 오프닝 기술이다. 확신하는 표현을 통해 청중에게 신뢰감을 주면, 청중은 이 이득을 얻기 위해 이어질 발표 내용에 더욱 집중하게 되기 때문이다.

여러분은 지금까지 스탠딩 스피치의 효과적인 오프닝을 위해 하지 말아야 할 세 가지와, 해야 할 세 가지를 함께 학습해 보았다.

심리학 이론 중, '중요한 임팩트는 처음에 하는 것이 가장 기억에 오래 남는다'는 "초두효과"가 있다. 이렇듯 오프닝은 상대방의 흥미를 유도해 분위기를 밝게 해주는 중요한 역할을 하면서, 전체적인 스피치의 퀄리티를 결정짓는 중요한 순간이다. 오프닝으로 청중들에게 긍정적인 반응을 얻는 데 성공한다면, 여러분 스스로 자신감을 얻고, 마지막까지 수월하게 발표를 이어갈 수 있을 것이다.

쉬어가기

• 청중의 몰입을 도와주는 오프닝 기술 3가지에 맞는 좋은 문장을 생각해보세요.

1) **경험 사례 등의 스토리텔링으로 시작한다**

예시

"어느 폭풍우 치는 밤, 한 소년이 해변에서 별똥별을 보며 꿈을 꾸기 시작한 이야기에서부터 모든 것이 시작되었습니다."

나의 문장

____

____

2) **질문을 하라**

예시

"여러분, 오늘 우리가 다룰 주제에 대해 이미 알고 계신가요?"

나의 문장

____

____

3) **이어질 내용을 통해 청중이 얻게 될 '이득'을 언급하라**

예시

"이번 강연을 통해 여러분은 스트레스 관리와 자기계발에 있어서 실질적인 기술들을 배우게 될 것입니다."

나의 문장

____

____

✦ 학습 정리 ✦

1 발표의 중요성과 발표 유형에 대한 이해

- 발표는 스피치의 중요한 형태로, 스탠딩 스피치와 싯다운 스피치의 차이를 이해합니다.

2 설득 스피치의 구성과 앨런 H.먼로 교수의 5단계 설득 과정

- 설득 스피치의 기본 구성과 앨런 H.먼로 교수의 5단계 설득 과정을 학습합니다.
- 주의를 끄는, 필요 제시, 필요를 만족시키는, 구체적으로 강조와 해결 방안 제시, 행동으로 이끄는 다섯 가지 단계를 이해합니다.

3 발표의 오프닝 기술과 관련된 학습 내용

- 오프닝은 발표의 핵심 부분 중 하나로, 청중의 관심을 끄고 몰입시키는 중요한 역할을 합니다.
- 오프닝 중 피해야 할 부적절한 요소로는 개인 정보 소개, 마이크 점검, 관련 없는 질문이 있습니다.
- 오프닝에서는 스토리텔링, 청중 참여를 유도하는 질문, 청중에게 신뢰감을 부여하는 표현을 활용하여 청중의 관심과 호기심을 유발하는 것이 중요합니다.

생각 정리하기

7강

발표 능력 향상

07 내가 떨고 있다는 것을 청중이 모르게 하라

7

내가 떨고 있다는 것을 청중이 모르게 하라

사실 누구나 정도의 차이만 있을 뿐, 무대에 서면 긴장이 된다. 베테랑 아나운서들도 약간의 긴장감을 안고 무대에 오르는 경우가 많다. 그러므로, 여러분의 목표는 발표 불안을 '없애버리는 것'에 초점을 맞출 것이 아니라, 발표 불안을 '숨기는 것'에 초점을 맞추어야 한다. 이번 강의는 누구나 가지고 있는 발표 불안을 청중이 모르게 숨기면서 스피치를 하는 스킬을 익혀보도록 하겠다.

\ 1 / 발표 불안 증상을 파악하고, 긴장의 원인을 파악한다.

사람마다 발표 불안의 증상은 모두 다르며, 정도의 차이 또한 있다. 먼저 자신의 발표 불안 증상을 파악하기 위해, 아래의 체크리스트에 해당되는 내용을 체크해보도록 하자. 해당하는 질문은 모두 표시해 보라.

나는 무대에 올라서면,

- 얼굴이나 목이 빨갛게 달아오른다.
- 손이 벌벌 떨린다.
- 머리가 새하얘지면서 아무것도 생각이 나지 않는다.
- 땀이 난다.
- 심장이 터져버릴 것 같이 쿵쾅쿵쾅 뛴다.
- 호흡이 가빠진다.
- 목소리가 갈라진다.
- 목소리가 떨린다.
- 말을 더듬게 된다.

위의 증상 외에 다른 증상도 있을 수 있다. 그리고 위의 증상은 대표적인 증상으로서, 하나만 해당할 수도, 하나 이상 해당할 수도 있다. 이렇듯 스피치 초보자에게 이런 발표 불안 증상은 '당연하고, 흔한 것'이다. 그렇다면, 무대에서 발표 불안이 생기는 이유는 무엇일까?

간단히 말해, '청중의 시선에 압도되기 때문'일 것이다. 여러 개의 시선이 나 하나에게 집중되기 때문에 혹시 실수할까 봐 부담감을 느끼게 되는 것이다. 그래서 흔히들 하는 스피치 실수 중 하나는 청중의 시선을 피해 대본에만 눈길을 주는 것이다. 대본에만 눈길을 준다거나, 앞서 언급한 발표 불안 증세가 너무 확연하게 눈에 띈다면, 자신감 없고, 불안해 보이게 된다.

말하는 사람이 불안해 보이면, 듣는 입장에서도 불안한 느낌은 전염된다. 그러므로, 나의 불안 증세를 숨기고 청중에게 효과적인 스피치를 전하기 위해서는 이를 숨기는 것이 중요하다.

\ 2 / 무대 위 마인드 컨트롤을 할 수 있다.

무대 위 불안 증세를 다스리는 가장 기본적인 것은, '나'의 마음을 '내'가 다스려야 한다는 것이다. 이를 위해서는 '완벽해야 한다'는 생각 먼저 바꾸어야 한다. 이를 위해 다음의 문장을 명심하자.

더 좋은 스피치는 있지만, 맞고 틀린 스피치는 없다.

1 스피치는 평가 받는 자리가 아니라, 내가 아는 것을 청중에게 전달하기 위한 자리임을 인지하라

무대에 서면, 청중의 시선이 '심사위원'의 시선처럼 느껴진다. 이 경우, 나의 스피치가 맞고 틀림을 평가받는 것처럼 느껴지고, 이렇게 느끼는 순간 말투도 딱딱해지고, 불안 증세가 나타나게 된다. 그러다 사소하게 말이라도 더듬게 되면, 괜스레 이 실수가 크게 느껴져 위축되기 쉽다.

그럴 때면, 의식적으로 '이 자리는 평가받는 자리가 아니고, 내가 아는 것을 일러주는 자리'라고 생각을 바꾸어야 한다. 청중은 발표사를 평가하는 심사위원이 아니며, '적'도 아니다. 청중은 발표자의 이야기를 듣기 위해 앉아 있는 '친구 같은 존재'이고, 친구들에게 나의 이야기를 전할 수 있는 시간이 주어졌다며 생각의 틀을 바꾸면 훨씬 더 여유로워지고, 긴장 완화에 큰 도움이 될 것이다.

2 청중은 생각보다 나의 사소한 실수에 관심이 없다 – 내용과 자료가 더욱 중요하다

청중은 여러분의 생각 이상보다 발표자에게 관심이 없다. 결국 나의 스피치에서 가장 중요한 것은, 나의 발표를 잘하는 스킬이 아니라, 전하고자 하는 '내용'과 '자료'이다. 나의 사소한 말 하나하나, 행동 하나하나가 평가되지는 않는다. 그러므로 완벽에 대한 강박을 버리고, 편하게 청중과 대화한다는 생각으로 스피치를 이어나가야 한다.

\ 3 / 나의 떨림을 숨기는 방법을 알아본다.

마인드 컨트롤 외에도 실제 무대 위에서 적용할 수 있는 스킬 몇 가지가 있다.

1 당황했을 때는 잠시 멈춰라

① 허사가 튀어나오려 할 때는 공백을 채워보자.

보통 긴장하거나 당황하게 되면, 머리가 하얘지면서 이상한 말이 나오게 된다. 이는 공백이 있으면 안 될 것 같은 불안에 사로잡혀, 어떻게든 공백을 채우고자 '허사'를 내뱉게 되는 것이다. 허사에 대한 정의를 살펴보면 다음과 같다.

허사5 虛辭 : 2. 실질 형태소에 붙어 주로 말과 말 사이의 관계를 표시하는 형태소. 조사, 어미 따위가 있다.

허사는 무의식중에 나오는 말로, 보통 '어..', '음....', '그...' 등이 있다. 상당수의 발표자는 다음과 같이 허사를 사용한다.

"오늘 (어….) 여러분께 전달할 내용은 (그….) 연설에 대한 것입니다."

허사를 한두 번 이용하는 것은 괜찮지만, 너무 여러 번 반복해서 내뱉을 경우에는 말의 흐름이 끊기게 된다. 결국, 말하는 사람이 망설이고 있다고 느끼게 되는 것이다. 이때는, 무리해서 공백을 채우려 하지 말고, 잠시 멈춰서 생각을 정리하고 나서 스피치를 이어나가면 된

다. 발표자가 느끼기에 이 공백이 참 길고 어색하게 느껴질 수 있지만, 사실 청중은 그렇게 느끼지 못할 가능성이 높다. 허사가 들어간 자리에 공백을 채워 위 문장을 읽어보라.

"오늘 ( ) 여러분께 전달할 내용은 ( ) 스피치에 대한 것입니다."

허사를 쓰지 않았다고 해서 이어 붙여서 빠르게 말하는 것이 아니라, 허사를 쓰고 싶은 자리에 오히려 공백을 채워 넣는 것이다. 허사를 섞을 때보다 차라리 이렇듯 잠시 멈춰 생각을 정리한 후에 말을 이어가면 훨씬 깔끔하게 들릴 것이다.

이렇게 허사 대신 공백을 채워 시간을 가졌는데도, 다음 내용이 기억나지 않는다면 심호흡을 한번 하고 발표를 이어나가는 것도 방법이다. 청중은 허사로 가득한 스피치보다, 오히려 숨을 고르고 이어가는 스피치를 차분히 기다려주고 이해할 것이기 때문이다. 긴장으로 인한 불안 증상이 나타날 때는 크게 심호흡하는 것만으로도 어느 정도 긴장 완화가 될 수 있다.

② 손동작도 멈춰라.

긴장한 사람을 연상해 보자. 사람들은 보통 긴장하게 되면 머리를 긁는다든지, 코를 만진다든지, 목을 감싸는 등의 행동을 무의식중에 하게 된다. 이것은 긴장한 나를 무의식 중에 스스로 달래기 위한 행동인데, 허사와 마찬가지로 이 행동들도 청중에게 불안하고 긴장된 느낌을 전하게 된다.

책상이 있다면 손을 책상 위에 올려두거나, 서 있다면 다리에 잠시 손을 붙임으로써 불필요한 제스처를 하지 않는 것만으로도 긴장된 모습을 숨길 수 있다.

2 청중과의 관계를 1대 1로 만들어라

앞서 긴장의 원인이 청중의 시선에 압도되기 때문이라고 언급했다. 결국, 다수의 사람 앞에 서있다 보니 부담감이 생기는 것이다. 이에 대한 해결 방안은 간단하다. 청중과의 관계를 1：多가 아닌, 1：1로 만드는 것이다.

놀랍게도 무대에 오르는 순간, 청중의 반응 하나하나, 표정 하나하나 잘 보이게 된다. 그 중, 표정이 좋지 않은 청중이라도 보게 된다면, 스피치를 이어나가면서 자신감을 잃고, 점점 위축되게 되는 것이다. 하지만, 무대 밑 청중 중 적어도 한 사람 이상은 발표자의 스피치에 우호적이고 긍정적인 반응을 해줄 것이다. 이런 청중은 나의 스피치에 고개도 끄덕이고, 웃어주면서 내게 긍정적인 신호를 보낼 것이다. 만약 많이 긴장된다면, 나에게 우호적인 청중을 빠르게 찾아, 그와 상호작용하며 스피치를 이어나가면 된다. 이 경우, 여러분은 자신감을 얻어 스피치를 수월하게 이어나갈 수 있을 것이다.

\ 4 / 나만의 긴급 처방을 만든다.

모든 사람은 발표 불안 증세가 다르고, 아직 스피치 경험이 없다면, 아직 증상을 모르는 경우도 있을 것이다. 이 경우에는 스피치 경험이 아니더라도, 새로운 환경을 접하거나, 긴장했던 경험 등을 떠올려 보자. 발표 불안도 결국 긴장 상태에서 오는 것이기 때문에, 긴장됐던 경험에 나타났던 증상이 무대 위에서도 동일하게 나타날 가능성이 높다.

이렇게 나의 증상을 파악했다면, 나만의 긴급 처방을 만드는 것도 방법이다. 심호흡한다든지, 잠시 멈추는 것도 좋은 방법이 될 수 있다. 아니면 침을 꼴깍 삼키거나, 청중을 보며 미소를 지어 여유로운 인상을 주고 시작하는 것도 방법이 될 것이다. 시간을 갖고 찬찬히 나만의 긴급 처방을 고민해 보자.

무엇보다 무대 위가 긴장되는 이유는 '익숙하지 않은 환경'이기 때문일 것이다. 결국 될 수 있는 한 무대 위를 많이 경험하면 할수록 청중의 시선 압박도 익숙해질 수 있고, 긴장 상태에서 대처하는 나만의 노하우를 터득할 수 있다. 무대에 대한 두려움은 무대로 극복할 수 있다. 꾸준한 훈련과 탄탄한 준비를 통해 무대 위 나의 떨림을 청중이 모르게 하자.

✦ 학습 정리 ✦

1. 발표 불안 증상을 파악하고, 긴장의 원인을 이해했습니다. 무대에서의 긴장은 청중의 시선과 평가에 대한 부담감에서 비롯됩니다.

2. 마음의 조절과 긴장 완화를 위한 마인드 컨트롤을 배웠습니다. 무대에서 '완벽해야 한다'는 생각을 버리고, 청중을 친구처럼 생각하여 스피치를 이어가는 방법을 이해했습니다.

3. 긴장 상황에서의 대처법을 습득했습니다. 공백을 채우려 하지 않고, 잠시 멈추어 생각을 정리하거나, 심호흡을 통해 긴장을 완화할 수 있으며, 자신의 떨림을 숨기는 방법을 학습했습니다.

생각 정리하기

8강

발표 능력 향상

지루하지 않은 발표의 비결은 흥미를 이끄는 첫 문장

내가 떨고 있다는 것을 청중이 모르게 하라

08 여유로운 시선과 제스처는 청중의 마음을 녹인다

여유로운 시선과 제스처는 청중의 마음을 녹인다

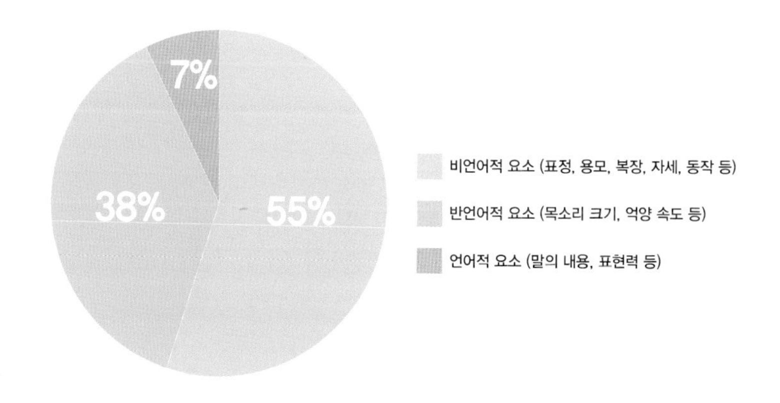

한 연구 결과에 따르면, 상대에게 영향력을 미치는 전체 비율에서 7%는 이야기의 내용과 같은 언어 정보이고, 38%는 어조나 말의 빠르기와 같은 청각 정보이며, 겉모습과 같은 시각 정보는 나머지 55%를 차지한다고 한다. 이는 같은 말이라고 하더라도, 시각적 요소에 따라 완전히 다르게 해석될 수 있다는 뜻이기도 하다. 그만큼 인간의 커뮤니케이션에 있어 표정이나 시선, 몸짓, 자세 등의 비언어적 요소는 중요한 역할을 한다.

오늘 강의를 통해 여러분은, 화려한 말로 청중을 압도하지 않더라도, 부드러운 표정과 시선 처리, 여유로운 제스처만으로도 편안한 분위기를 조성할 수 있게 될 것이다.

\ 1 / 비언어적 표현이 무엇인지에 대해 설명할 수 있다.

언어적 표현	말의 내용을 중시하는 표현
반언어적 표현	언어와 함께 의사소통의 수단으로 사용하는 말의 강약, 높낮이, 가락과 같은 것.
비언어적 표현	외양, 신체적 행위, 제스처, 얼굴 표정, 시선 등 비언어적 요소들로 의사소통하는 것

누군가가 여러분에게 "밥 먹어."라고 했다고 가정해 보자. 여기서, 활자 자체가 가진 의미를 말로 전달하는 것을 언어적 표현이라 하며, 이는 말의 '내용'이 중요하다. 그리고, 여기서 "밥 먹어? 밥 먹어! 밥 먹어~ 밥 먹어."처럼 어조나 목소리 크기 등을 통해 의미 전달에 도움을 주는 수단이 바로 반언어적 표현이 되는 것이다. 마지막으로, 화자와 청자가 같은 상황을 공유하고 있을 때, "밥 먹어^^" "밥 먹어(화난 표정)"처럼 언어적 메시지와 별개로 화자의 상태를 알 수 있는 것이 바로 비언어적 표현이 된다.

비언어적 표현은 언어적 메시지를 반복 · 보충 · 강조하는 형태로, 언어적 메시지를 대신하거나 의사소통의 흐름을 조정하는 메시지로 사용된다. 비언어적 표현을 활용하면 의미 전달이 효과적이며, 언어적 표현보다 더욱 정직하게 사용된다. 왜냐하면 비언어적 표현은 본능적인 경우가 많기 때문이다. 버드휘스텔에 의하면, 인간 커뮤니케이션에서 언어적 요소가 차지하는 것은 30%, 나머지 70%는 비언어적 요소가 차지한다고 한다. 그만큼 비언어적 표현은 스피치와 발표 뿐만 아니라 커뮤니케이션 전체에서 매우 중요한 역할을 하고 있다. 그럼, 지금부터 대표적인 비언어적 표현인 시선 처리와 손 제스처에 대해 학습해 보자.

\ 2 / 시선 처리하는 세 가지 방법을 익히고 활용한다.

발표 초보자가 가장 힘들어하는 비언어적 표현의 요소는 바로 '시선'처리이다. 어디에 시선을 두고, 얼마나 봐야 할지에 대해 고민되는 것은 당연하다. 시선 처리 문제는 생각보다 간단하게 해결할 수 있는데, 지금부터 3가지 해결 방법을 학습해 보자.

1 'Z' 시선 처리

첫 번째 시선 처리 법칙은 'Z'법칙이다. 이 방법은 화자의 입장에서 왼쪽 뒤편의 청중에서부터 Z자를 그리며 오른쪽 앞 편의 청중에게로 시선을 옮기는 것을 말한다. 하지만 너무 시선을 빠르게, 자주 옮겨선 안 되며, 가능한 한 단락의 말이 끝나는 시점에 다른 방향의 청중에게 눈 맞춤 하는 것이 자연스럽다. 이 방법을 활용하면 객석 전체에 시선을 줌으로써 청중 모두에게 균형 있게 소통한다고 느끼게 할 수 있다.

2 1 Message for 1 Person

두 번째 시선 처리 법칙은 '1 message for 1 person'이다. 직역하자면, '하나의 메시지 당, 한 사람 보기'라는 뜻으로, 하나의 메시지가 끝날 때까지는 시선을 주었던 청중에게 계속 시선을 고정하는 것이다. 하나의 메시지 안에 너무 많이 시선을 옮기면, 산만하고 불안하다는 인상을 줄 수 있기 때문이다.

그리고 특히 이 법칙은 시선과 몸의 방향을 일치시키는 것도 중요하다. 몸을 고정하면서 시선만 옮길 경우, 노려보고, 불친절하다는 인상을 줄 수 있기 때문이다. 결국 내가 전하고자 하는 키워드 메시지 당 한 명의 청중을 시선과 몸의 방향을 일치시키며, 골고루 보는 것이 중요하다. 이 방법이 어렵다면, 지난 강의 '키워드 강조법'에서 포즈로 처리하는 부분들에서 시선을 옮기는 것도 좋은 방법이다. 포즈를 줄 때마다 시선을 함께 옮기면, 포즈에 더해 효과적인 키워드 강조법이 될 것이다. 다음의 문장에서 키워드별 시선을 옮기며 천천히 읽어보라.

큰 소리로 읽어보세요

원숭이 엉덩이는 빨갛습니다. 빨갛다면 사과죠. 사과는 맛있습니다.

시선과 몸 방향을 일치해 한 키워드 당 시선을 골고루 준다면, 청중의 입장에서도 훨씬 안정적으로 느껴질 것이다. 그리고 시선과 몸 방향을 골고루 이동한다면, 발표자의 입장에서도 숨을 고를 시간과, 침착하게 다음 메시지를 이어갈 힘을 얻게 될 것이다.

3 내게 호의적인 사람에게 시선을 고정하라

무대 밑의 모든 청중이 언제나 밝고 환한 미소로 발표자를 바라보지는 않을 것이다. 하지만, 무조건 한 명 이상은 발표자를 응원하며, 미소 띤 얼굴로 발표에 집중할 것이다. 정말 긴장이 많이 될 경우에는 내게 호의적으로 미소를 보내주는 청중 몇 명을 마음속으로 정해놓고, 이들에게 시선을 고정해도 좋다. 하지만, 이 경우에도 객석을 넓게 바라보며 여러 명을 설정해 놓고 시선을 골고루 주는 것이 좋다. 만약 너무 긴장된 나머지 도저히 호의적인 청중을 찾지 못하겠다면, 행사장의 '기둥'을 찾아보는 것도 방법이 될 것이다.

\ 3 / 손 제스처의 중요성을 알고, 활용법을 익힌다.

비언어적 요소 중 가장 많이 쓰이는 요소는 바로 '손' 제스처이다. 손 제스처는 '듣는 말하기'를 '보는 말하기'로 진화시켜 주는 훌륭한 도구이기 때문에, 발표 또는 프레젠테이션에서 손을 적절히 움직이면서 말한다면 청자와 화자 모두에게 긍정적인 효과를 가져다줄 것이다. 손 제스처를 하게 됨으로써 얻을 수 있는 효과는 다음과 같다.

손 제스처 효과

- 긴장 완화
- 전달력 상승
- 상호작용 조절
- 이해도 상승

누구든지 긴장이 되면 몸이 경직되고, 호흡이 가빠진다. 이때 모두 몸을 움직이면서 긴장을 푸는 행동을 하곤 했을 것이다. 이렇듯 손과 팔 등을 적절히 움직이면, 경직되어 있던 근육이 풀리면서 훨씬 편한 스피치를 진행할 수 있다.

그리고, 청중의 입장에서도 화자가 경직되어 있으면 내용에 대한 신뢰도가 떨어져, 발표가 진행되는 동안 불안감을 느낄 가능성이 크다. 그러므로 손 제스처를 적절히 활용하면 청중을 안심시키고, 준비가 잘 되어 있는 전문가로서의 여유로운 이미지를 줄 수 있으며, 이해도도 높일 수 있는 것이다.

그렇다면 손동작 제스처는 어떻게 하는 것이 좋을까?

1 손가락은 가능하면 붙여서

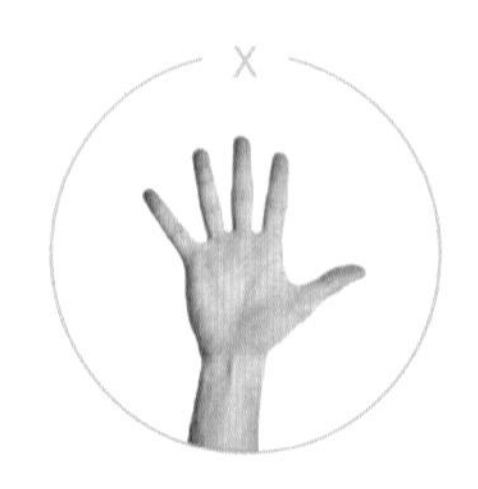

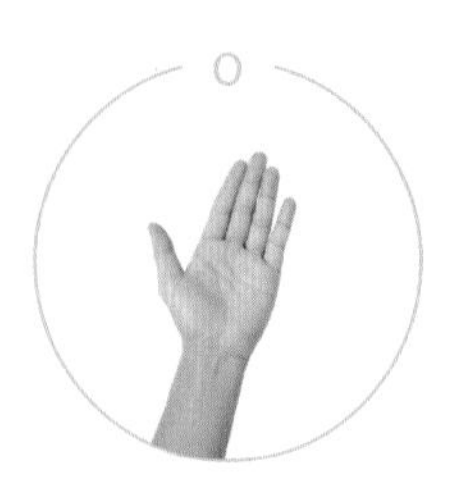

발표를 하다 보면, 모든 손가락을 활짝 벌려서 하는 경우가 있다. 이 경우, 시선이 분산되어 집중력을 잃을 수 있다. 반면, 다섯 손가락을 너무 붙일 경우에는 날카로워 보일 수 있기 때문에, 손가락은 어느 정도 자연스럽고 여유 있게 붙이는 것이 좋다. 가능하면 엄지를 제외한 4개 손가락을 가까이 붙여 표현해 보자.

2 손등이 아닌 손바닥이 보이게

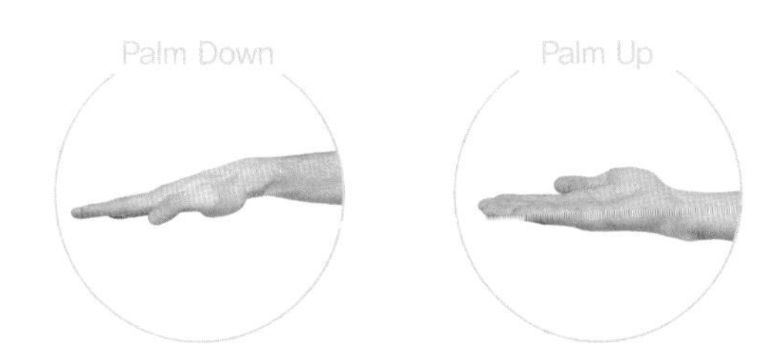

손바닥이 아닌 손등이 하늘을 향한 제스처를 'Palm Down'이라고 한다. 한마디로 손바닥을 엎은 제스처라는 뜻으로, 여기서 손바닥은 개방, 손등은 폐쇄를 상징한다. 보통 우리가 무언가를 감추거나 가릴 때 손등을 보이는 일이 많기 때문이다.

청중을 설득하는 발표는 무언가를 감추거나 가리는 상황이 아니고, 청중의 마음을 열고 공감을 얻어내야 하는 상황이므로, 효과적인 발표를 위해서는 손바닥이 하늘을 향하는 'Palm Up' 제스처를 취해야 한다.

간혹 'Palm Down'제스처를 해야 할 때도 있는데, 전문적인 부분을 강조하거나 명령할 때는 사용이 가능하다.

3 손가락이 아닌 손 전체로

첫째, 둘째, 셋째 등을 표현할 때와같이 손가락 하나를 이용한 제스처가 효과적일 때도 있다. 손가락 하나를 이용하게 되면 청중의 이목을 빠르게 집중시키는 효과가 있기 때문에, 매우 효율적인 제스처이다. 하지만, 이 손가락이 앞으로 약간 기울어지고, 사람을 향할 경우 여러 번 반복하면 공격적으로 비칠 가능성이 있으므로 되도록 손가락이 아닌 손 전체로 제스처 해보도록 하자.

제스처를 어떻게 활용하느냐에 따라 나의 메시지를 다르게 전달할 수 있기 때문에 손 제스처는 정말 중요하다. 앞서 세 가지 법칙을 소개했지만, 앞서 언급한 제스처 외의 제스처가 모두 나쁘다거나 한 것은 아니다. 우리가 때와 장소에 따라 옷을 다르게 입듯, 전달하고자 하는 메시지에 따라 다양한 제스처를 잘 활용하는 것이 중요하다.

\ 4 / 기타 제스처 활용 법칙에 대해 알고, 활용할 수 있다.

무대 위에서 발표할 때 지켜야 할 기본 제스처 원칙 또한 몇 가지 있다.

1 손 제스처는 몸 가운데에서

우선, 손은 우리 몸의 가운데인 명치에서 움직여야 하며, 너무 위에서 하거나, 너무 아래에서 제스처를 하지 않아야 한다. 청중의 시선은 보통 손동작을 따라가기 때문에 동작이 너무 위아래로 이루어지면 청중에게 시선 피로감을 줄 수 있기 때문이다.

2 무대를 크게 활용하라

무대를 크게 이용하며, 청중과 지속해서 눈 맞춤을 해야 한다. 무대의 한 위치에 서서 미동도 없이 손 제스처와 시선 처리를 할 경우, 청중은 답답하고 어색하게 느끼며, 지루함까지 느끼게 된다. 그러므로 무대를 크게 크게 이용하며 최대한 많은 청중과 소통하기 위해 노력하는 것이 중요하다.

3 페이싱 (불필요한 움직임) 금지

페이싱은 몸을 이리저리 흔들거나, 머리카락이나 넥타이, 옷을 만지거나 불필요한 손동작을 하는 등 의미 없는 움직임을 하는 것을 말한다. 화자가 페이싱을 하게 되면 듣는 사람은 페이싱에 의식을 빼앗겨 중요한 메시지를 제대로 받아들이지 못하게 된다. 일반적으로 이러한 불필요한 페이싱은 이야기의 내용에서 주의를 멀어지게 만들므로 피해야 한다.

✦ 학습 정리 ✦

1. 언어적 표현은 말의 내용을 중심으로 하는 것이며, 비언어적 표현은 외양, 신체적 행위, 제스처, 얼굴 표정, 시선 등의 비언어적 요소로 의사소통하는 것을 의미합니다. 비언어적 표현은 인간 커뮤니케이션에서 중요한 역할을 합니다.

2. 시선 처리를 효과적으로 하기 위해서는 'Z 시선 처리'와 '1 message for 1 person' 원칙을 준수해야 합니다. 시선 처리를 할 때 몸 방향과 함께 일치시키는 것이 중요하며, 미소로 대표되는 비언어적 스킬을 활용하여 청중과 연결을 유지해야 합니다.

3. 손 제스처는 발표와 프레젠테이션에서 효과적으로 사용할 수 있는 비언어적 표현 중 하나입니다. 손 제스처를 활용하면 발표자의 긴장이 풀리고 청중과의 연결이 강화됩니다. 손 제스처를 할 때 손가락을 가까이 붙이고, 손바닥을 상황에 따라 적절히 활용하며, 손가락 하나를 이용한 제스처도 효과적으로 활용할 수 있습니다.

✦ 생각 정리하기 ✦

PART 3

협상 능력 향상

9강 

협상 능력 향상

09 협상의 기본은 상대방의 마음을 녹이는 공감과 경청이다

10 협상에도 스킬이 필요하다

09 협상의 기본은 상대방의 마음을 녹이는 공감과 경청이다

앞선 강의를 통해, 스피치의 기본기와 스탠딩 스피치인 발표에 대한 내용을 학습해보았다. 지금부터는 싯다운 스피치인 '협상'과 관련된 내용을 학습해 보도록 하자.

먼저, 싯다운 스피치는 상대방과 나의 관계가 물리적으로도 가까울 뿐만 아니라, 피드백이 즉각적으로 이루어지며, 상대의 의견을 듣고 의견을 제시하는 양방향 커뮤니케이션이다. 때문에, 싯다운 스피치를 할 때는 경청과 질문, 상대 의견에 대한 적절한 반응이 중요하다.

또한 싯다운 스피치에서는 적절한 타이밍도 매우 중요한데, 이 타이밍을 놓치면 전체적인 흐름이 깨지고 자신이 할 말을 충분히 전하지 못하기 때문이다. 그럼, 지금부터 협상의 기본인 상대방의 마음을 녹이는 공감과 경청에 대해 학습해 보도록 하자.

\ 1 / 협상이 무엇인지에 대해 설명할 수 있다.

세계적인 MBA 중 하나인 미국의 와튼스쿨에는 20년 연속 최고의 인기를 자랑하는 강의가 있다. 학생들이 치열한 경쟁까지 할 정도인 이 수업은, 바로 세계적으로 이름 있는 협상 전문가 스튜어트 다이아몬드 교수의 '협상 코스'이다.

다이아몬드 교수는 IBM, 구글, 마이크로소프트 등 세계 굴지의 기업 대부분에 컨설팅했으며, 남미와 아프리카, 아시아의 여러 나라들과 UN과 같은 국제기구에도 자문할 정도로, 협상 분야에 있어 저명한 교수이다.

협상의 전문가, 다이아몬드 교수는 협상이란, 나의 목표와 상대의 필요가 만나는 '대화'라고 정의한 바 있다. 그리고, 우리가 원하는 것을 얻기 위해서는 먼저 협상이라는 단어의 선입견에서 벗어나야 한다고 표현했다.

많은 사람은 협상 테이블을 상대방의 동의를 얻어내고, 반대 의견을 물리치며, 경쟁자를 이겨야 하는 냉철한 모습의 전문가 테이블처럼 연상하곤 한다. 하지만, 과연 협상이 정말로 그런 모습일까? 다음의 그림을 보자마자 여러분이 먼저 인식한 것은 무엇인가?

대부분 사람은 이 그림에서 한 가지만을 우선으로 인식할 것이다. 하지만 사실 이 그림은 여자의 얼굴과 색소폰 부는 남자의 모습이 동시에 보이는 그림이다. 만일 여기서 어느 쪽이든 하나의 고정된 시선으로만 그림을 바라본다면, 한 그림 안에 두 가지 모습이 존재한다는 것을 인식하지 못할 것이다. 하물며 그림 하나에도 이렇듯 다른 관점이 존재하는데, 실제 협상 테이블에서도 당연히 다른 관점이 존재하기 마련이다. 여기에 이해관계까지 개입하게 되면, 서로의 관점을 이해하는 것이 더욱 힘들어질 것이다.

하지만, 많은 사람은 자신만의 관점에서 접근한다는 것을 쉽게 자각하지 못한다. 그뿐만 아니라, 나만이 가지고 있는 강점, 내가 제시할 수 있는 것, 협상이 실패했을 경우 내가 마련할 수 있는 최선의 대안 등 나의 이해관계부터 떠올리며 협상에 임하게 되는 것이다. 그렇기 때문에 협상 테이블을 부정적으로 인식하는 사람이 많은 것이다. 하지만, 합리적이고 강압적인 설득으로 긴장감이 흐르는 대하를 하는 것은 필수적으로 대결 구도를 가져오기 때문에 진정한 협상으로 이어지기는 커녕, 서로의 감정만 상하는 결과를 낳을 수 있다.

따라서 성공적인 협상을 위해서는 상대의 입장에서 상황을 바라볼 수 있도록 서로의 역할을 전환하는 것이 가장 중요하다. 다시 말해 '역지사지'의 관점에서 고민해 보는 것이다.

다이아몬드 교수는 협상에서 가장 기본이 되는 것이 '자기 중심성으로부터 탈피하는 것'이라고 표현했다.

여러분이 협상에 나설 때 자기 중심성으로부터 탈피해 역지사지의 관점으로 협상에 임한다면, 다음의 긍정적인 효과를 얻을 수 있을 것이다.

역지사지의 관점에서 임할 때 얻을 수 있는 효과

- 숨겨진 진실 파악에 도움이 된다.
- 공감대 형성을 통해 원하는 것을 자연스럽게 파악할 수 있다.
- 상대방을 배려하는 대화를 할 수 있다.
- 상대방이 원하는 바를 쉽게 파악해 협상을 성공적으로 끝낼 수 있다.

여러분이 역지사지의 자세로 협상에 임한다면, 상대방이 하는 말 이면의 숨겨진 진실을 파악하는 데 도움을 얻고, 공감대를 형성해 원하는 것을 자연스럽게 파악할 수 있을 뿐만 아니라, 역할의 전환을 통해 상대를 더 배려할 수 있게 되고, 서로의 대화에서 협상의 힌트를 쉽게 찾아낼 수 있다.

\ 2 / 상대방의 마음을 녹이는 협상 스킬 – (1) 공감.

이렇듯 공감은 협상가의 필수적인 자질이다. 하지만 분명히 할 것은, 이는 상대가 요구하는 내용을 들어주겠다는 뜻의 '인정' 이 아니다. 상대가 왜 그런 말을 하고, 그런 요구를 내세우는지를 '이해'한다는 뜻의 공감이다.

예를 들어, 비즈니스 협상에서 '상대가 가격을 올려달라고 요구하더라도 절대 올려줄 수 없다'는 생각을 하는 A와, '어떻게든 가격을 올리겠다.'라고 생각하는 B의 입장이 있다고 가정해 보자. 여기서 A와 B가 상대방에 대한 공감 없이 본인의 의견만 관철한다면, 악감정만 남긴 채 대화가 끝나버릴 것이다.

그런데 만약, A가 B의 요구를 끝내 거절하더라도, B의 입장을 충분히 공감하며 말한다면, '제안이 받아들여지지 않았다'는 결과는 같지만, 이에 대한 만족감이 전자와는 천지 차이일 것이다. 물론 후자의 경우, 공감받은 B 그룹의 만족도가 훨씬 높을 것이다. 바로 이것이 협상에서 '공감의 힘'이 되는 것이다.

누구나 가장 쉽게 할 수 있는 공감 방법은 바로 '백 트레킹'이다.

백 트레킹 (Backtracking) : 상대방의 말을 되풀이함으로써 상대방과의 대화에 탄력이 생기는 테크닉

백 트레킹이란, 대화를 나누는 상대방의 말과 단어를 반복함으로써 그 주파수를 맞춰 상대방이 말하고자 하는 바를 이해하고 있음을 알게 해주는 기법이다. 다음 세 사람의 대화를 살펴보자.

A의 입장에서 보면 아마 B보다는 C에 대한 호감도가 높을 것이다. 이처럼 상대방이 한 말 중 키워드를 넣어서 대답하는 것을 백 트레킹이라고 하며, 백 트레킹은 상대방에게 자기 말을 잘 들어준다고 느끼게 하면서, 자연스럽게 대화에 활기를 띠게 한다. 정말 간단하지만, 엄청난 효과를 발휘하는 것이다.

하지만 백 트레킹을 할 때 상대방의 말을 너무 앵무새같이 따라하면 오히려 역효과가 나면서, 확인하려고 한다는 인상을 줄 수 있다. 그러므로 키워드가 되는 말이나 어미 등을 적절히 이용해 단적으로 답하는 것이 좋다.

공감이란 결국, 상대의 입장과 상황에 대해 '나 역시 그렇게 느낀다'라는 점을 표현하는 것이지, 나와 다른 의견을 억지로 인정하라는 것은 아니다. 그저 공감하면 된다. 이를 통해 상대는 자신의 의견이 존중받고 있음을 느끼게 될 것이다.

\ 3 / 상대방의 마음을 녹이는 협상 스킬 – (2) 경청.

협상은 결국 상대의 필요를 정확하게 파악할수록 유리하고 효율적으로 끌어나갈 수 있다. 그리고, 이를 위한 장치로 가장 중요한 것이 바로 '경청'이다. 경청을 통해 상대방이 왜 우리와 협상하려고 하는지, 협상을 통해 얻고자 하는 것은 무엇인지, 협상에서 중요하게 생각하는 가치나 표본은 무엇인지, 상대의 감정 상태는 어떠한지 등 정말 많은 정보를 얻을 수 있기 때문이다.

경청은 이렇듯 협상에 엄청난 힘을 불어넣어 주고, 모든 커뮤니케이션을 풍부하게 만들어주는 매우 유용한 스킬이지만, 한 번도 효과적인 경청 방법을 배운 적은 없을 것이다. 사실 경청 즉, 傾聽이라는 한자를 살펴보면, 경청하는 방법을 쉽게 알 수 있다.

먼저, 경청의 첫 글자 '傾'은, 한자 '기울일 경'이다. 즉, 말하는 사람 쪽으로 몸을 기울여서 듣는 것이 바로 '경청'의 첫 태도이다.

그리고, 청을 뜻하는 한자 '聽', 즉 '들을 청'이란 단어를 살펴보면 한 글자 안에 참 많은 뜻이 내재하였음을 살펴볼 수 있다. 결국 경청이란, 귀로 듣고, 눈으로 보며, 마음으로 공감하고, 왕으로 대하듯 듣는다는 뜻이다. 즉 경청이란 단순히 듣는 것을 넘어, 상대방과 '원활한 대화'라는 목적을 위해 사용되는 사회기술 중 듣기 측면에서의 것들을 묶어서 일컫는 것으로, 상대방의 이야기를 주의 깊게 듣는 것을 말한다.

"

말을 배우는 데는 2년이 걸리고,

침묵을 배우는 데는 60년이 걸린다.

"

말하는 것보다 듣기가 쉽다고 생각할 수 있다. 하지만, 경청은 단순히 말을 듣는 행위가 아니라, 그 단어 뒤에 숨은 의미를 이해하는 고도의 사회적 기술이며, 경청의 기술은 내가 상대방에게 상대의 말을 주의 깊게 듣고 있다고 느끼도록 환경을 만드는 것을 포함하는 것이다. 따라서, 상대방의 말에 귀 기울여 이해하고 이를 토대로 피드백하여 주는 것도 넓은 의미의 경청이다. 경청은 생각보다 쉽지 않고, 그만큼 경청의 힘은 대단히 크다.

경청이 지닌 힘

- 상대방에게 존중받는다고 느끼게 합니다.
- 상대방과의 신뢰를 쌓을 수 있는 지름길입니다.
- 효과적으로 설득을 성공시킬 수 있습니다.

경청은 크게 소극적 경청과 적극적 경청으로 나뉠 수 있다. 먼저, 소극적 경청이란 수동적으로 들어주는 형태를 뜻하는 것으로, 상대방의 말에 대해 질문이나 반박과 같은 외현적 표현을 하지 않고 그저 들어주는 것을 의미한다. 상대방의 말을 들으며 침묵하는 것을 뜻하는데, 이 침묵 자체에 상대의 말에 공감하고 '수용한다'는 뜻이 포함되어 있다.

적극적 경청이란, 상대방의 이야기에 집중하고 있다는 것을 상대가 지각할 수 있도록 외현적인 표현을 하면서 듣는 방법이다. 대화 중에 명확하지 않거나 이해되지 않는 부분은 질문과 공감의 표시를 할 수 있고, 간단한 맞장구, 추임새 등을 하면서 듣는 것이다.

그렇다면 올바른 경청의 태도는 무엇일까? 간단하다. 대화를 지배하려 들지 않고, 상대방의 말을 자르며 끼어들지 않고, 상대방의 말은 듣지 않고 내가 할 말에만 집중하지 않으면 된다. 만약 대화를 지배하려 들고, 상대방의 말을 자르고, 끼어들며, 내가 할 말에만 집중한다면 상대방은 무시당한다는 느낌이 들어 불쾌감을 느낄 것이다. 결국 상대방도 지고 싶지 않아 공격적으로 변하거나 말해봤자 소용없을 것이란 생각에 입과 마음을 닫아 버리고 말 것이다. 이 경우에는 관계가 단절되어 버릴 가능성이 높다.

경청은 상대방의 마음을 녹이고, 분위기를 부드럽게 만듦으로써 성공적인 협상으로 이어지게 하는 효과적인 스킬이기도 하지만 반대로 위기를 타개하거나 훌륭한 공격 수단이 될 수도 있다. 삼성전자 권오현 회장은 저서 〈초격차〉에서 "경청을 잘 활용하면, 협상과 사람 다루기에서 상대방을 제압할 수 있었다."고 표현하기도 했다.

이렇듯 협상은 결국 상대방이 원하는 바를 잘 파악하고, 최대한 많은 정보를 얻는 것이 중요하다. 그러므로 서로가 팽팽하게 대치하고 있는 상황에서 주도권을 잡기 위해 상대방이 먼저 자신의 의견을 말하도록 유도해야 한다. '질문'을 이용해서 말이다. "왜 나와 협상하려고 하는지?" "왜 그런 조건을 원하는지?" "이유가 무엇인지?" 등의 질문을 던지면서 상대방이 말하도록 유도하는 것이다. 이때 상대방의 대답 시간이 길어지면 길어질수록 더욱 자세한 정보를 얻을 수 있으므로 인내를 가지고 끝까지 경청해야 한다.

사람을 설득하고, 갈등을 해결하며, 원하는 것을 얻을 수 있는 가장 빠른 방법은 결국 나부터 관점의 전환을 하고, 협상 전 역지사지를 통해 상대와의 공감 요소를 찾은 뒤 천천히 행동으로 변화시키는 것이다. 그리고 이런 역지사지하는 태도는 상대방을 존중하는 경청으로 이어져, 상대방의 마음을 녹이고 효과적인 협상 결과를 얻을 수 있도록 한다.

투자자를 설득하기 위한 협상 외에도, 음식점에서 할인 혜택을 받을 때, 울고 보채는 아이들을 회유할 때 등 우리는 원하는 것을 얻기 위해 많은 시간을 협상에 사용하고 있다. 이렇듯 비즈니스뿐만 아니라 인간관계에서도 모든 협상의 기본은 공감과 경청이다. 대상이 누구든지 간에 상대의 마음을 녹이는 것을 최우선으로 삼자. 그러면 그들의 감정과 인식, 행동을 변화시킴으로써 협상을 성공적으로 이끌 수 있을 것이다.

✦ 학습 정리 ✦

1. 협상은 상대방의 마음을 녹이는 능력인 공감과 경청이 중요한 기본 요소입니다. 이를 통해 협상을 효과적으로 진행할 수 있습니다.

2. 공감은 단순히 상대의 요구를 인정하는 것이 아니라, 상대방의 입장과 상황을 이해하고 공감하는 것을 의미합니다. 백트레킹과 같은 기법을 활용하여 상대방의 의견을 존중하고 공감을 표현할 수 있습니다.

3. 경청은 상대방의 필요와 의도를 파악하고 정보를 얻기 위한 중요한 스킬입니다. 소극적 경청과 적극적 경청을 구분하며, 상대방의 말을 주의 깊게 듣고 이해하며 질문과 공감을 활용하여 상대방과의 대화를 원활하게 유지하는 것이 경청의 핵심입니다.

✦ 생각 정리하기 ✦

10강 

협상 능력 향상

10

협상에도 스킬이 필요하다

엘리베이터 피치 (elevator pitch / Rocket pitch)

상대방에게 상품, 서비스, 기업, 가치 등에 대해 단시간에 일목요연하게 설명하는 말하기 방식. 엘리베이터가 이동하는 180초 이내의 짧은 시간 동안 자기 생각을 요약해 전달할 수 있어야 한다는 것에서 유래되었다. 엘리베이터 피치는 활용도가 높아 면접, 투자유치, 서비스 요약, 상품 영업 등 다양한 분야에서 사용되고 있다.

이번 강의에서 학습할 내용은 성공적인 협상을 위한 5가지 스킬이다. 이 스킬을 학습하기에 앞서 엘리베이터 피치라는 단어에 대해 소개하고자 한다. 엘리베이터 피치, 혹은 로켓 피치라고 하는 것은 상대방에게 단시간에 일목요연하게 설명하는 말하기 방식을 말하며, 엘리베이터가 이동하는 180초 이내의 짧은 시간 동안 자기 생각을 조리 있게 전달할 수 있어야 한다는 것에서 유래되었다. 최근 바쁜 현대 사회에서 이런 엘리베이터 피치는 활용도가 높아, 다양한 협상 분야에서 사용되고 있는데, 결국 엘리베이터 피치에서 가장 중요하고 필수적인 것은 '명확한 메시지', 즉 '한 줄평'이다.

다양한 협상의 기술에 앞서 가장 우선이 되고, 기본이 되어야 하는 것은 "메시지가 명확해야 한다는 것"이다. 그리고 그 메시지를 전달하는 메신저, 즉 화자가 메시지에 대해 그만큼 확신과 자신을 가지고 있어야 다음의 협상 스킬을 효과적으로 활용할 수 있을 것이다.

\1/ BATNA를 준비하고 활용하라.

'지피지기면 백전백승'. 협상 준비 과정에서 객관적으로 평가하고, 준비해야 할 것이 있다. 바로 Best Alternative to a Negoiated Agreement. 즉, BATNA 이다. BATNA란, 한마디로 '협상 결렬 시 가지고 있는 차선책'으로, 가장 좋은 조건의 협상이 결렬되었을 때 가지고 있는 차선책을 의미한다.

예를 들어보자, A가 과일을 사기 위해 과일 가게에 들어갔다. 그런데 과일 가격이 너무 비싸 깎아달라고 한 것이다. 이때, 주인은 A 말고도 사겠다는 손님, 즉 BATNA가 있다면 거절하겠지만, 마감 시간이라 A 말고는 손님이 없다면, 즉 BATNA가 없다면 깎아줄 것이다. 여기서 다른 손님은 주인 입장에서 BATNA가 된다.

A의 입장에서도 BATNA가 있을 수 있다. 옆에 다른 가게 즉 BATNA가 있다면, 굳이 이 가게에서 과일을 사지 않아도 될 것이고, 주변 다른 가게가 모두 문을 닫았다면 즉 BATNA가 없다면, 깎아주지 않더라도, 그냥 과일을 사게 되는 것이다.

협상에 있어, 이처럼 대안이 있느냐, 없느냐는 누가 유리한 위치를 선점하느냐를 결정한다. 협상 과정에서 어떤 상황이 발생한다고 하더라도 BATNA가 있다면, 자신감과 활력, 여유를 갖고 임할 수 있기 때문이다. 그러므로 협상 테이블에 나서기 전, 여러분은 모두 자신의 BATNA를 먼저 점검하고, 혹시 부족한 부분이 있다면 개선하기 위해 충분한 시간을 가지는 것이 중요하다. 모든 협상을 통틀어 최선의 협상 파워의 원천은 현재 하는 제안을 떠나 다른 제안을 선택할 수 있는 능력과 의지이기 때문이다.

사실 BATNA가 충분히 준비된 채로 협상 테이블에 앉는 것이 좋지만, 시간 관계상 BATNA가 충분치 않을 수 있다. 이때에는 전략적으로 협상을 진행해야 한다.

협상학에서, BATNA가 좋을 경우 무조건 상대에게 알려야 하지만,
간접적으로 알려야 한다. 나의 BATNA가 좋고, 상대의 BATNA가 좋지 않을 경우
협상을 최대한 지연시켜 불안감을 느낌 상대가 더 양보하도록 하고,
내 BATNA가 상대의 것보다 나쁠 경우에는 협상을 빠르게 진행하는 것이 유리하다.

먼저 BATNA가 좋은 경우, 무조건 상대에게 알리는 것이 좋다. 단, 간접적으로 알려야 하며, 이때는 협상을 최대한 지연시켜 상대방

으로 하여금 불안감을 느끼게 해야 한다. 그러면 상대가 더 양보하게 됨으로써 협상을 유리하게 유도할 수 있다. 반대로 나의 BATNA가 좋지 않은 경우에는 협상을 최대한 빠르게 진행해야 한다.

그러나 이런 전략보다도 BATNA를 얼마나 준비했느냐에 따라 협상의 성공 여부가 달려있으므로, 나의 BATNA를 객관적으로 평가하고, 꾸준히 개선하는 것이 무엇보다 중요하다.

\ 2 / '요구'가 아닌 '욕구'에 집중하라.

협상학에서 협상을 이해하는 핵심적인 개념으로 'Position'과 'interest'가 있다. Position은 겉으로 표현된 '요구'를 의미하고, 'Interest'는 충족되길 바라는 내면적 욕구를 뜻한다. 협상에 임하기 위해 여러분은 겉으로 표현된 '요구'가 아닌 '욕구'에 집중해야 한다.

빙산에 비유하자면, 수면 위로 드러난 부분이 요구를 의미하고, 바닷속에 감춰진 거대한 몸체가 바로 이면에 감춰져 충족되길 바라는 내면적 '욕구'가 된다. 협상테이블에서 상대방을 설득하기 위해서는 단순히 겉으로 드러난 요구만 충족시킬 것이 아니라, 그 속에 숨은 속뜻, 즉 욕구를 충족시킬 해결책을 제시해야 한다. 상대방의 '욕구'를 파악하고 먼저 해결책을 제시한다면 협상에서 유리해질 수 있다. 하지만 이렇듯 숨겨진 '욕구'를 파악하고 공략하기 위해서는 무엇보다 인내를 통한 경청과 탄탄한 조사가 기본적으로 뒷받침되어야 할 것이다.

\ 3 / 앵커링 효과를 통해 기준점을 선점하라.

만일 제안을 먼저 할 기회가 있다면, 앵커링 효과를 이용해 보라. 앵커링 효과에서 'Anchor'은 배의 '닻'을 의미하는데, 닻을 내린 배가 움직이려고 해도 밧줄의 범위 밖으로 벗어날 수 없듯, 처음으로 접한 정보를 기준으로 사고와 판단을 하게 되는 현상을 말한다.

앵커링 효과 (Anchoring Effect)

닻을 내린 배가 움직이려고 해도 밧줄의 범위 밖으로는 벗어날 수 없듯이; 처음에 기준이 되는 정보를 접하면, 사고와 판단이 결국 그 기준 범위 내에서 이루어지는 현상.

예를 들어, 해외여행 중 들어간 기념품 가게에서 마음에 드는 물건이 100이라고 적혀 있다고 가정해 보자.

이후 다른 가게를 가서 가격 비교를 해보니 70,90 혹은 110,120이라고 하더라도, 처음 봤던 가격 100을 기준으로 그보다 저렴하다, 혹은 비싸다고 느끼게 되는 것이다. 이 효과를 바로 앵커링 효과라고 한다.

수많은 연구 결과에 따르면, 협상에서 첫 번째로 언급한 숫자는 그 이후의 협상에서 파워풀한 영향을 주게 된다. 결국 닻을 내리는 그 가격을 기준으로 첫 제안에서 크게 벗어나지 않은 범위 내에서 협상안이 타결되는 것이다. 그러므로, 합리적인 내용으로 먼저 협상의 기준점을 선점하는 것이 중요하다. 누가 어떤 식으로 먼저 기준을 제시하느냐에 따라 가치 판단의 기준이 달라지므로 앵커링 효과는 모든 종류의 거래에서 가장 기본적이고 강력한 효과를 발휘한다. 그러므로, 앵커링 효과를 인지하고 전략적으로 활용해야만 한다.

만약 상대방이 먼저 앵커를 제시했다면, 상대방은 본인이 의도한 기준점에 여러분을 묶어 두려고 할 것이다. 이런 경우에는 상대의 앵커링을 무력화해야 한다. 이를 카운터 앵커링이라고 하며, 우선 상대방이 제안한 기준점의 정확한 근거를 물어보고, 다른 곳으로부터 제안받은 훨씬 더 유리한 기준점을 이야기하거나 더욱더 구체적이고 합리적인 근거를 통해 도출된 여러분만의 기준점을 제안해 상대방이 제시한 첫 제안을 무너뜨리면 된다.

\ 4 / 양쪽 모두 윈윈하는 대안을 제시하라.

협상의 궁극적인 목표는 결국 '양쪽 모두의 이익'이다. 그러므로 이를 인지하고, 대안을 발굴해야 한다. 이를 위해서는 크게 세 가지의 방법이 있다.

1 새로운 창의적인 대안을 개발한다

먼저, 양쪽 모두를 윈윈하게 만드는 창조적 대안, 즉 제3의 대안을 제시하는 것이다. 여기서 양측을 모두 만족시키는 창의적인 합의안이 개발되어야 하며, 협상을 진행하면서 파악한 서로의 실익과 니즈가 맞닿은 창의적인 합의안을 도출해내는 것이 중요하다.

2 트레이드 오프(Trade Off)를 적극적으로 활용하라

두 번째는 서로 교환을 적극적으로 활용하는 것이다. 이는 상대와 내가 가진 것 중 가치의 차이가 나는 것을 서로 교환하는 것이다.

분배의 협상이 계속되면 당사자들은 가격과 같은 단 한 가지의 문제에 대해 양보와 요구에 대한 교착 상태에 빠지게 된다. 반면, 통합적 협상에서는 서로가 더 많은 것을 얻을 수 있는 다양한 이슈들을 활용하게 되는데, 이때 내가 비교적 가치를 적게 느끼는 것을 상대방이 가치를 크게 느끼고, 또 다른 가치에 대해서 상대방과 나의 가치 차이가 있는 경우가 발생한다. 이때 여러분이 가치를 높게 평가하는 부분에 대해 상대방과 Trade off 함으로써 양보를 얻어내는 전략이다.

3 메소(MESO / Multiple Equivalent Simultaneous Offering) 전략을 활용하라

만일 협상 대상이 우유부단하거나, 어떠한 결정도 보류하고 있을 때는 MESO를 시도해 보라. 이는, 하나의 제안을 하는 것 대신 여러 개의 제안을 동시에 하는 것이다. 만일 상대가 모두를 거절한다고 하더라도, 그 중에 어떤 것이 그래도 가장 나은지, 그리고 그렇게 선택한 이유를 물어봄으로써 창의적 대안을 개발해 보는 것도 방법이다. 그 제안을 향상하거나 상대와 내가 만족할 만한 옵션을 추가하는 방식으로 브레인스토밍을 해보는 것이다. MESO 전략을 이용하면 협상에서의 교착 상태를 줄이고, 더 창의적인 솔루션을 만들 수 있다.

\ 5 / 감성적으로 공감은 하되, 판단은 이성적으로 하다.

물론 공감은 중요하고, 협상 당사자와 잡담을 활용해 의사소통에서 상대방과 형성되는 친밀한 분위기 즉, 라포를 형성하는 것은 매우 중요하다.

하지만, '사람'과 '문제'는 분리해야 한다. 협상하다 보면 감정이 격해져 상대방을 비난하고 공격하거나 오히려 너무 친해진 나머지 '문제'에 관해서 말하기 꺼려질 수 있다. 결국 협상에 있어 가장 중요한 것은 나의 목표를 달성하는 데 있으므로 상대방과 협상 '내용'에 있어서는 이성적으로 판단해야 한다. 한마디로 공과 사는 확실히 구분해야 한다는 것이다.

> 남을 아는 사람은 지혜롭고,
> 스스로를 아는 사람은 밝다.

협상은 내가 이기고, 상대가 져야 하는 게임이 아니라, 나와 상대방 모두가 이기는 윈윈 게임이다. 그리고, 최고의 협상가는 협상 테이블에서 내가 진정으로 원하는 것이 무엇인지에 대해 스스로 명확하게 얘기할 수 있는 사람이다. 나의 메시지가 명확해야 상대방도 길을 잃지 않고 대화에 임할 수 있다. 그러므로, 협상 테이블에 앉기 전, 스스로 오늘 이루고자 하는 목표를 명확하고 자세하게 설정하라.

여러분은 기본적인 스피치 스킬을 시작으로, 발표와 협상으로 대표되는 설득 스피치까지 학습했다. 결국 스피치는 청자가 설정되는 말하기이기 때문에, 청중의 입장에서 이해하기 쉽게 해야 소통을 효과적으로 할 수 있을 것이다. 이 점을 명심하면서 꾸준한 연습을 통해 스피치 스킬을 단련해 스피치 마스터가 되길 바란다.

✦ 학습 정리 ✦

1 **BATNA의 중요성 :** 협상 전에 BATNA를 준비하고, 상대방의 BATNA와 비교하여 협상 파워를 높이는 중요성을 이해했습니다.

2 **요구 vs. 욕구 :** 요구에만 집중하지 않고 상대방의 욕구를 파악하며 협상하는 것이 중요하다는 점을 이해했습니다.

3 **앵커링 효과 활용 :** 앵커링 효과를 이용하여 협상의 기준점을 선점하거나, 상대방의 앵커링을 무력화시키는 전략을 습득했습니다.

✦ 생각 정리하기 ✦

청중을 이끄는
스피치